Francisco José Soares Costa

Rede Vitória Digital
uma inclusão às avessas?

Francisco José Soares Costa

REDE VITÓRIA DIGITAL:
uma inclusão às avessas?

EDITORA CRV
Curitiba - Brasil
2017

Copyright © da Editora CRV Ltda.
Editor-chefe: Railson Moura
Diagramação e Capa: Editora CRV
Revisão: O Autor

DADOS INTERNACIONAIS DE CATALOGAÇÃO NA PUBLICAÇÃO (CIP)
CATALOGAÇÃO NA FONTE

C834

Costa, Francisco José Soares.
   Rede Vitória digital: uma inclusão às avessas? / Francisco José Soares Costa. –
Curitiba: CRV, 2017.
   140 p.

   Bibliografia
   ISBN 978-85-444-1591-7
   DOI 10.24824/978854441591.7

   1. Educação 2. Inclusão digital 3. Políticas sociais 4. Vitória - ES I. Título II. Série.

CDD 303.4833

Índice para catálogo sistemático
1. Educação 370

ESTA OBRA TAMBÉM ENCONTRA-SE DISPONÍVEL EM FORMATO DIGITAL.
CONHEÇA E BAIXE NOSSO APLICATIVO!

2017
Foi feito o depósito legal conf. Lei 10.994 de 14/12/2004
Proibida a reprodução parcial ou total desta obra sem autorização da Editora CRV
Todos os direitos desta edição reservados pela: Editora CRV
Tel.: (41) 3039-6418 - E-mail: sac@editoracrv.com.br
Conheça os nossos lançamentos: **www.editoracrv.com.br**

Conselho Editorial:

Aldira Guimarães Duarte Domínguez (UNB)
Andréia da Silva Quintanilha Sousa (UNIR/UFRN)
Antônio Pereira Gaio Júnior (UFRRJ)
Carlos Alberto Vilar Estêvão (UMINHO – PT)
Carlos Federico Dominguez Avila (UNIEURO)
Carmen Tereza Velanga (UNIR)
Celso Conti (UFSCar)
Cesar Gerónimo Tello (Univer. Nacional Três de Febrero – Argentina)
Elione Maria Nogueira Diogenes (UFAL)
Élsio José Corá (UFFS)
Elizeu Clementino (UNEB)
Fernando Antônio Gonçalves Alcoforado (IPB)
Francisco Carlos Duarte (PUC-PR)
Gloria Fariñas León (Universidade de La Havana – Cuba)
Guillermo Arias Beatón (Universidade de La Havana – Cuba)
Jailson Alves dos Santos (UFRJ)
João Adalberto Campato Junior (UNESP)
Josania Portela (UFPI)
Leonel Severo Rocha (UNISINOS)
Lídia de Oliveira Xavier (UNIEURO)
Lourdes Helena da Silva (UFV)
Maria de Lourdes Pinto de Almeida (UNICAMP)
Maria Lília Imbiriba Sousa Colares (UFOPA)
Maria Cristina dos Santos Bezerra (UFSCar)
Paulo Romualdo Hernandes (UNICAMP)
Rodrigo Pratte-Santos (UFES)
Sérgio Nunes de Jesus (IFRO)
Simone Rodrigues Pinto (UNB)
Solange Helena Ximenes-Rocha (UFOPA)
Sydione Santos (UEPG)
Tadeu Oliver Gonçalves (UFPA)
Tania Suely Azevedo Brasileiro (UFOPA)

Comitê Científico:

Ana Chrystina Venancio Mignot (UERJ)
Andréia N. Militão (UEMS)
Diosnel Centurion (Univ Americ. de Asunción – Py)
Cesar Gerónimo Tello (Universidad Nacional de Três de Febrero – Argentina)
Elizeu Clementino (UNEB)
Francisco Ari de Andrade (UFC)
Helder Buenos Aires de Carvalho (UFPI)
Ilma Passos A. Veiga (UNICEUB)
Inês Bragança (UERJ)
José de Ribamar Sousa Pereira (UCB)
Lourdes Helena da Silva (UFV)
Lucia Marisy Souza Ribeiro de Oliveira (UNIVASF)
Maria de Lourdes Pinto de Almeida (UNICAMP)
Maria Lília Imbiriba Sousa Colares (UFOPA)
Mônica Pereira dos Santos (UFRJ)
Najela Tavares Ujiie (UTFPR)
Sérgio Nunes de Jesus (IFRO)
Sonia Maria Ferreira Koehler (UNISAL)
Vera Lucia Gaspar (UDESC)

Este livro foi avaliado e aprovado por pareceristas *ad hoc*.

À Andréa e Letícia

AGRADECIMENTOS

A todos aqueles que, pelo apoio e estímulo constante ou eventual, tornaram possível a realização desta dissertação.

À Professora Desirée Cipriano Rabelo pelo incentivo, pela disponibilidade, pelas sugestões dadas e pelos desafios que colocou. A ela, o meu apreço e estima.

Aos meus pais, que me apontaram e me acompanharam nos primeiros caminhos.

Aos amigos que me apoiaram em todos os momentos e, em especial, à Gilda e Carminha.

Ao Eduardo, amigo de todas as horas, principalmente nas impossíveis.

Aos colegas do IFES - Campus Vitória.

Aos professores do Programa de Pós-Graduação em Política Social.

Aos funcionários do Instituto Jones dos Santos Neves que foram fundamentais para a realização desta pesquisa.

SUMÁRIO

PREFÁCIO 13

INTRODUÇÃO 17

CAPÍTULO 1
O CAPITALISMO CONTEMPORÂNEO: mudança permanente
ou reparo temporário? 35
1.1. Sociedade da Informação ou Sociedade das Ilusões? 45

CAPÍTULO 2
POLÍTICAS SOCIAIS E POLÍTICAS DE INCLUSÃO DIGITAL 49
2.1 Direito à comunicação: a luta pelo reconhecimento de
um novo direito 65

CAPÍTULO 3
A POLÍTICA DE INCLUSÃO DIGITAL NO BRASIL 71

CAPÍTULO 4
A POLÍTICA DE INCLUSÃO DIGITAL NO MUNICÍPIO DE VITÓRIA 87
4.1 Programa Informática nas Unidades Escolares do Município de
Vitória (INFOVIT) 88
4.1.1 Rede de Telecentros Casa Vitória 90
4.1.2 Casa Brasil 91
4.1.3 Rede Vitória Digital 96
4.2 Análise de dados. 97
4.2.1 INFOVIT 97
4.2.2 Telecentros Casa Vitória 102
4.2.3 Casa Brasil 105
4.2.4 Rede Vitória Digital 107

CONSIDERAÇÕES FINAIS 113

REFERÊNCIAS 123

PREFÁCIO

Como observadores privilegiados da luta pelo direito à comunicação...

A luta pela conquista de direitos é uma questão dinâmica e complexa. Ao longo da história vão surgindo novas possibilidades, avanços e benefícios, inicialmente ofertados apenas a poucos, até que os grupos excluídos dessas melhorias passam a reivindica-las. O esquema proposto por Thomas Humprey Marshall ajuda-nos a compreender esse processo: para o sociólogo britânico, a cidadania resultava na conquista dos direitos civis, seguidos pelos direitos políticos e os direitos sociais, pela ordem nos séculos XVIII, XIX e XX. Denominados respectivamente direitos da primeira, segunda e terceira geração sua conquista, segundo o mesmo autor, teria marcado a evolução da cidadania na sociedade.

Contudo, o tempo mostrou que nem sempre, quando se fala em direitos, a tônica tem sido evolução. As recentes crises econômicas na Europa, por exemplo, serviram para mostrar que direitos conquistados não significam direito garantidos para sempre. Nem sequer nas democracias consolidadas e com sociedades organizadas. Em países como o Brasil, os riscos de perda ou retrocesso de direitos são ainda mais graves. Os exemplos são muitos e em todas as áreas, mas a título de ilustração destacamos o projeto apresentado pela bancada ruralista na Câmara dos Deputados em Brasília, em 2017, prevendo a possibilidade do fim do salário ao trabalhador rural, com a instituição do pagamento em comida ou moradia, além de jornada de até 12 horas e 18 dias consecutivos! (e aqui o ponto de exclamação é o único que cabe diante dessa tentativa de volta à escravidão...). Felizmente nem todas as iniciativas desse gênero são bem sucedidas: a oposição da sociedade, das organizações sociais e, às vezes, até da imprensa, são importantes para impedir recuos em termos de cidadania.

Mas, além do permanente risco de retrocessos, nas últimas décadas a questão dos direitos tornou-se muito mais complexa e dinâmica. E há muito ultrapassaram a classificação proposta por Marshall. Termos como novos ou novíssimos direitos, direitos de quarta e de quinta geração, tornam-se pauta das discussões acadêmicas, políticas, e, antes disso, dos grupos sociais organizados. O "direito ao meio ambiente saudável" previsto no artigo 225 da Constituição Brasileira, é um exemplo de inovação nessa área. Baseado no que se denomina "solidariedade intergeracional", o legislador buscou garantir não apenas o direito ao meio ambiente saudável da geração atual mas também o das futuras gerações. O "direito à água" igualmente ilustra uma novidade nesse campo. Diante de problemas cada vez mais graves – dentre eles a escassez – que afligem as populações mais pobres, em 2010, a Assembleia Geral da Organização das Nações Unidas reconheceu os direitos à água potável e limpa e ao saneamento como essenciais para o pleno gozo da vida e de todos os direitos humanos.

Ou seja, a cada dia, de forma sempre mais veloz, novas situações são vivenciadas por grupos sociais, às vezes por sociedade inteiras. O que gera novos conflitos, demandas e pressões. O livro que o autor agora tem é ilustrativo de momentos como esses. Pode situar-se perfeitamente no debate sobre Direito à Comunicação, cujo início remonta à década de 1980 com o Relatório MacBride, publicado pela Unesco, com o instigante título de "Um mundo, muitas vozes". O principal alvo do relatório era grande desequilíbrio dos fluxos de informação entre o primeiro mundo (com suas importantes agências de notícias) e os países em desenvolvimento. Também apontava a concentração da mídia, a comercialização e acesso desigual à informação e à comunicação – sempre em prejuízo aos países mais pobres.

Apesar dos esforços de várias organizações sociais em todo mundo, com destaque na América Latina e no Brasil, as assimetrias apontadas pela Unesco ainda estão longe de serem superadas. Mas, antes sequer que a proposta por um Direito à Comunicação fosse completamente elaborada ou garantida, a contemporaneidade impôs novos temas e demandas a essa discussão – essas trazidas pelas novas tecnologias da comunicação e informação.

A pesquisa de mestrado de Francisco José Soares Costa reconstitui a evolução da proposta do Direito à Comunicação ao ponto do Direito à Inclusão Digital. E o faz estabelecendo um paralelo com os Direitos Sociais – ou seja, não se trata apenas de acesso à tecnologia (seja o televisor, o computador ou a Internet) mas a de compreensão e domínio desses aparatos na perspectiva de uma inserção social plena. Não apenas como espectador ou consumidor (mesmo que sabidamente eles não fosse totalmente passivos – como demonstram as pesquisas de audiências) mas também como produtor. Um produtor capaz de estabelecer redes e (re)criar novas realidades e possibilidades a partir de perspectivas que não as meramente mercadológicas.

Dessa forma, o trabalho produzido por Francisco Costa permite-nos observar, como testemunhas privilegiadas, o processo de construção e quiçá garantia de um novo direito. Debruçado sobre o município de Vitória (ES, Brasil), uma referência nacional em qualidade de vida e também de acesso digital, o autor identifica as várias saídas diante das pressões pela inclusão digital. A resposta da administração local tende a ser instrumental, com base na capacitação para o uso dos equipamentos visando atender as demandas do mercado. Já as organizações sociais, igrejas progressistas, universidades, dentre outros, buscam ampliar essa perspectiva defendendo a proposta de uma plena cidadania digital – que vai muito além do simples acesso.

Uma coisa é certa e conta ponto a favor dos que defendem a plena cidadania digital: as novas tecnologias de comunicação e informação trouxeram mudanças nunca antes experimentadas por grupos antes excluídos dos sistemas "formais" de comunicação, como os trabalhadores, os indígenas, os jovens etc. Embora as denúncias feitas por MacBride continuem atuais, assim como grande parte das críticas dos frankfurtianos Adorno e Horkheimer à sociedade de comunicação de massa, essas tecnologias oferecem novas possibilidades que precisam ser exploradas. Nesse sentido, garantir o Direito à Comunicação em toda as suas vertentes – dentre elas a digital – tornou-se ainda mais urgente. Esta é uma tarefa que cabe a vários atores. O poder público tem um papel essencial de definir políticas e prover as estruturas necessárias, mas também cabe à sociedade civil, com seus vários grupos, criar alternativas inovadoras nesse campo, além de impulsionar o próprio poder público por uma política mais coerente em prol de uma cidadania plena. Outra tarefa que cabe à sociedade civil, especialmente à academia, é prover estudos e reflexões sobre este tema. E este livro situa-se nesse contexto ao recuperar, registrar e analisar de forma crítica e bem fundamentada um aspecto singular do momento em estamos vivendo no qual se esboça e seu luta por um pleno Direito à Comunicação.

Se nós acreditamos, de fato, que somos testemunhas privilegiadas deste momento, não podemos ficar ausentes a este debate. O objetivo final? Nas sábias palavras de Pedro Casaldáliga: "todo dia, a partir do mais caseiro espaço de que dispomos até as crescentes grandes manifestações, exercer esse supremo dom humano da comunicação, na verdade, na compreensão, na solidariedade. Nos comunicar para nos conhecer. Nos comunicar para nos acolher. Nos comunicar para juntos nos salvar".

Desirée Cipriano Rabelo

INTRODUÇÃO

Ao longo das últimas décadas, tem se popularizado a ideia de que estamos vivendo uma nova forma de ordenamento social marcada pela importância crescente do conhecimento. Expressões como sociedade da informação ou era do conhecimento tornaram-se cada vez mais frequentes, sendo associadas, principalmente, aos acelerados avanços e difusão das Novas Tecnologias de Informação e Comunicação (NTICs). Nesse particular, a utilização intensiva dessas tecnologias é considerada elemento-chave para a compreensão das novas configurações do capitalismo contemporâneo.

Entre os vários aspectos que merecem debate em relação às NTICs, está a questão de seu acesso e uso, bem como o da necessidade de políticas e programas para a sua democratização, especialmente entre aqueles que não estão "incluídos".

Essas políticas e programas, convencionalmente denominados "de inclusão digital", têm como pressuposto a existência de excluídos digitais, caracterizados pela distribuição desigual do acesso a computadores e Internet. Assim, os programas de inclusão digital acabam por estabelecer uma relação direta com a própria inclusão social, ganhando forte apelo argumentativo e, de certa forma, apresentando-se como políticas sociais. De fato, segundo Cazeloto (2008), o público-alvo desses programas são grupos sociais que, sem essa intervenção, muito provavelmente não teriam condições de acesso ao mundo digital e à sociedade da informação ou do conhecimento. Advém daí a percepção de uma estreita ligação entre a inclusão digital e as ideias de "democracia" e "cidadania", nas quais a inclusão digital repousaria sobre o pressuposto ético da igualdade (CAZELOTO, 2008). Nesse sentido, o não acesso às NTICs representaria um problema social concreto, identificável inclusive pelo uso de indicadores matematizados o que, no senso comum, confere ao tema validade científica.

No ambiente acadêmico, a temática da inclusão digital vem despertando atenção e provocando discussões acerca de vários de seus aspectos, com diferentes enfoques e interpretações. Na perspectiva das Ciências Sociais Aplicadas, o aspecto quantitativo não é o melhor prisma para analisar a questão. De início, o primeiro debate que se apresenta é o do próprio significado dos termos inclusão e exclusão, considerando que a referida dicotomia oculta um conjunto mais amplo de questões históricas e estruturais da expropriação e da exploração.

Não se trata de um debate novo, dado que o modo de produção capitalista é estruturalmente excludente. Entretanto, contemporaneamente, a exclusão ganha novos significados levando-se em conta o processo de globalização entendido aqui como um fenômeno multifacetado que envolve as dimensões econômicas, políticas e culturais. Assim, o tema exclusão torna-se complexo, na medida em que vivemos numa sociedade marcada pelo desenvolvimento e utilização das NTIC's, com graves rebatimentos no mundo do trabalho e profundas implicações no campo das políticas sociais (SANTOS, 2002).

De fato, o termo exclusão faz parte de um conjunto de categorizações imprecisas utilizadas para definir os aspectos mais problemáticos da sociedade. Como nos alerta Martins (2003), "excluído" e "exclusão" são construções, projeções de quem se considera incluído ou integrado, dos que aderiram ao sistema, tanto à economia quanto aos valores que lhe correspondem. Ainda segundo o autor, "não existe exclusão, existe contradição, existem vítimas de processos sociais, políticos e econômicos excludentes" (MARTINS, 1997, p. 14).

Para Martins (1997, 2003), a exclusão não resulta de um estado de anomia ou qualquer tipo de crise de fundamentos da sociedade, mas é parte do seu funcionamento, uma decorrência do funcionamento dessa organização social. Ou seja, não estamos na verdade em face de um novo dualismo que propõe a divisão da sociedade em incluídos e excluídos, mas diante da criação de formas desumanas de participação (MARTINS, 2003). Para o autor em destaque, o modelo de desenvolvimento contemporâneo, baseado no modo de produção capitalista, leva, simultaneamente, a extremos de progresso tecnológico e de bem-estar para setores limitados da sociedade e a extremos de privação, pobreza e marginalização social para outros setores da população. Em síntese, "exclusão e inclusão são denominações imprecisas, pois uma sociedade de mercado não comporta exterioridade, estando o sujeito inserido de alguma forma, em algum lugar, ao menos em certo período" (MARTINS, 1997). Nesse sentido, o que chamamos de exclusão pode também ser percebido como uma inclusão precária, instável e marginal.

Seguindo a mesma linha, Pastorini (2004) lembra-nos que o termo excluído pressupõe uma sociedade estável, harmônica e rígida, ignorando que a sociedade capitalista é a sociedade da luta de classes, atravessada por interesses contraditórios e em conflito. Análise semelhante faz Oliveira (1997) que considera um equívoco nos referirmos a "excluídos", quando na verdade esses mesmos indivíduos não se encontram fora, mas inseridos, embora precariamente. Na mesma direção, para Balibar (apud FONTES, 1997, p. 5) "ninguém pode ser excluído do mercado, simplesmente porque ninguém pode dele sair, visto que o mercado é uma forma ou uma formação social que não comporta exterioridade".

Já para Castel (2003, p. 26), o conceito exclusão é "estanque" não permitindo observar as origens do processo no qual se construiu "o estado de privação, ou melhor, estados de privação originados pela crise da condição salarial", além de simplificar e reduzir a complexidade da questão do aumento da precarização do trabalho e do desemprego de longa duração que atinge o conjunto da sociedade. Segundo Castel (2004, p. 37), exclusão pressupõe uma sociedade dual, indicando "banimento, expulsão ou condenação à morte". Para o autor, na maior parte dos casos, o termo exclusão nomeia situações que traduzem uma degradação em relação a um posicionamento anterior. Dessa forma, o autor propõe o conceito de desfiliação social para indicar um processo de rupturas sucessivas de laços sociais e/ou o estado ao qual se chega como resultado final dessas rupturas. Como consequência desse processo, o autor ressalta três especificidades da emergência de uma nova questão social resultante da crise da sociedade salarial: a desestabilização dos estáveis, a instalação da precariedade e o déficit das posições associadas à utilidade social e ao reconhecimento público (CASTEL, 2004).

Examinando a possibilidade de aplicar o conceito de desfiliação social na temática da inclusão digital, Silveira (2008) afirma que, nesse caso, ele carece de sentido, pois não se trata de pessoas integradas que foram desfiliadas da sociedade, mas sim do aumento das desigualdades já existentes, da ampliação das distâncias sociais a partir do uso das NTICs, bem como da limitação da fruição de um novo direito: o direito à comunicação. Dessa forma, Silveira reforça a relação entre a própria exclusão digital e a questão social, entendendo que se trata do aumento das desigualdades já existentes e da ampliação das distâncias sociais geradas pela disseminação do uso das NTICs.

No debate, pois, da exclusão social prevalecem duas acepções principais: a que não aceita o termo, por considerá-lo como realidade estrutural ligada às contradições do modo de produção capitalista e a que considera a exclusão como resultado de um processo de ruptura de laços sociais. Entretanto, mantidas as divergências, a terminologia acabou se consolidando e se tornando objeto de disputas teóricas e políticas, pois o modo de se ver o fenômeno implica distintas práticas de intervenção – inclusive no campo das políticas de inclusão digital.

Ciente dessas questões, neste trabalho, assumimos a opção pelo emprego do termo inclusão digital, já consagrado pelo uso. Para o pesquisador, o quadro revela-se mais complexo e desafiador à medida que identificamos que inclusão digital e inclusão social têm sido tratadas quase como sinônimos pelas políticas e programas oficiais desenvolvidos nessa área. Essa é a perspectiva, por exemplo, de Assumpção (2001, p. 14), ao defender que "é preciso tratar a inclusão digital como inclusão social, como inclusão na sociedade do conhecimento". Nesse mesmo sentido, Warschauer (2006) propõe a utilização da expressão "tecnologia" para a inclusão, defendendo que o objetivo da utilização das NTIC's com grupos marginalizados não é a superação da exclusão digital, mas a promoção de um processo de inclusão social.

Como veremos no decorrer dessa exposição, a relação entre política de inclusão digital e política social fica mais explícita ao se observar o público-alvo, a abrangência e os objetivos recorrentes dos programas e políticas de inclusão digital, possibilitando-nos, pois, pensá-los como elementos constitutivos da política social contemporânea.

Para a análise dos programas de inclusão digital na perspectiva de inclusão social e sua possível relação com as políticas sociais, tema deste trabalho, faz-se necessária uma reflexão sobre como o capitalismo se organiza e se legitima nas sociedades contemporâneas. Esse modo de produção, embora mantenha suas bases de exploração, atualiza as respostas do Estado no enfrentamento da questão social.

Entre os anos de 1945 e 1973, a economia mundial experimentou uma grande expansão, conhecida como a "Idade de Ouro" do capitalismo que se caracterizou por "um conjunto de práticas de controle de trabalho, tecnologias, hábitos de consumo e configurações político-econômicos, chamado de fordista-keinesiano" (HARVEY, 1992, p. 119). Caracterizou-se também pela produção e consumo de massa, padronização da produção, funcionalidade e eficiência, hegemonia econômica e financeira dos EUA e acentuada intervenção estatal na economia.

Naquele período, os Estados industrializados instituíram uma carga fiscal fortemente progressiva, interviram na sustentação do emprego e da renda dos desempregados e estabeleceram medidas que estenderam a rede de serviços sociais, o que ficou conhecido como Estado do Bem-Estar Social. Ao fim da década de 60, esse modelo de desenvolvimento começou a apresentar sinais de esgotamento com a progressiva saturação dos mercados internos de bens de consumo duráveis, concorrência intercapitalista e crise fiscal e inflacionária dos Estados-Nação.

Segundo Harvey (1992), desde então o mercado de trabalho passou por uma radical reestruturação. Diante da forte volatilidade, do aumento da competição e do estreitamento das margens de lucros, os patrões tiraram proveito do enfraquecimento do poder sindical e da grande quantidade de mão de obra para impor regimes e contratos de trabalho mais flexíveis ou subcontratados. Esses processos produtivos provocaram uma aceleração do ritmo da inovação do produto, ao lado da exploração de nichos de mercado altamente especializados e de pequena escala, permitindo com isso a redução do tempo de giro das mercadorias. Essas mudanças nos sistemas de produção foram acompanhadas por uma atenção muito maior às modas fugazes e pela mobilização de todos os artifícios de indução de necessidades e de transformação cultural que isso implicava.

Distanciando-se tanto daqueles que falam em processos produtivos inteiramente distintos das bases fordistas quanto daqueles que não veem novas e significativas transformações no interior do processo de produção de capital, Harvey (1992) considera perigoso fingir que nada mudou. Para o autor, fatos como a desindustrialização e a transferência geográfica de fábricas, assim como a flexibilidade dos mercados de trabalho, aliada à automação e inovação de produtos revelavam indícios do surgimento de um novo regime ao qual, em oposição à rigidez do fordismo, chamou de acumulação flexível.

Assim, Harvey (1992) desenvolve a tese de que, como se trata de uma forma própria do capitalismo, a acumulação flexível mantém três características essenciais desse modo de produção. Primeira: é voltado para o crescimento; segunda: esse crescimento em valores reais se apóia na exploração do trabalho vivo no universo da produção e, terceira: o capitalismo tem uma intrínseca dinâmica tecnológica e organizacional.

No que se refere à dinâmica tecnológica e organizacional ocorrida no âmbito das relações capitalistas de produção, elas possibilitaram que o processo de reestruturação das forças produtivas tivesse sua nova base sociotécnica sob a forma de tecnologias de automação programável com base na microeletrônica e um complexo conjunto de inovações organizacionais (BRAGA, 1995).

As origens do que se denominou como neoliberalismo, discurso ideológico legitimador da globalização, remonta ao pós Segunda Guerra Mundial e pode ser caracterizado como uma reação política e teórica contra o Estado Intervencionista e do Bem-Estar Social. Em linhas gerais, o neoliberalismo procura conquistar no plano ideológico a adesão da sociedade civil às ideias defendidas por Hayek (1944) e Friedman (1973). Entre os seus pressupostos estavam que a única saída para a crise fiscal do Estado é o receituário neoliberal; o mercado é o portador de todas as virtudes; era preciso privatizar empresas e serviços públicos já que o Estado é ineficaz, posto que arrecada muito e gasta mal (CORRÊA, 2000). Esse receituário neoliberal foi desenvolvido em maior ou menor grau em quase todos os países do mundo, comprovando a força desse conceito.

No Brasil, em especial a partir de 1990, a aplicação das políticas sociais foi feita de forma literal transferindo os serviços públicos, antes prestados pelo Estado, para a iniciativa privada ou para entidades não estatais (ONGs), deslocando-os da esfera dos direitos para a esfera do mercado e do eixo da igualdade para o eixo da equidade. Dessa forma, a tendência tem sido transformar as políticas sociais em ações pontuais e compensatórias, cabendo às mesmas a privatização, focalização e descentralização.

Os efeitos decorrentes da chamada "década de políticas neoliberais" puderam ser nitidamente percebidos por diversos fatores: extinção de postos de trabalho na indústria, aumentos sucessivos na taxa de desemprego, precarização das condições de trabalho, aumento da informalidade e pobreza. Além disso, direitos sociais foram extintos, reduzidos ou negociados (BEHRING, 2003). Inspirada na ideologia neoliberal, as políticas sociais foram transformadas, total ou parcialmente, em uma política focalizada contra a pobreza. Como resultado desse processo, vimos a agudização da questão social que, embora não possa ser considerada "nova", demanda do Estado estratégias distintas das utilizadas anteriormente para sua regulação.

Como se trata de um conceito que perpassa todo o texto dessa dissertação, recorremos a Iamamoto (2007) com o objetivo de discutir e esclarecer o que entendemos como questão social. Segundo a autora, a questão social não é senão as expressões do processo de formação e desenvolvimento da classe operária e seu ingresso no cenário político da sociedade, exigindo o seu reconhecimento como classe por parte do Estado. É a manifestação, no cotidiano da vida social, da contradição entre o proletariado e a burguesia, a qual passa a exigir outros tipos de intervenção, além da caridade e da repressão. Ela se internaliza na ordem econômica, tornando-se alvo das políticas sociais, de suportes da ordem sociopolítica e da imagem social do Estado como mediador de conflitos. Por meio dessas políticas, o Estado passa a administrar as expressões da questão social, que são fragmentadas e parcializadas a partir de sequelas metamorfoseadas em "problemas sociais". De fato, como explica Andrade (2004), as políticas sociais são um fenômeno associado à emersão da ordem burguesa, em que o Estado, depositário da incumbência superestrutural da reprodução do sistema, é peça importante na resposta às demandas ocasionadas pelo reconhecimento da questão social.

Portanto, a questão social é uma categoria que expressa a contradição fundamental do modo capitalista de produção. Contradição fundada na produção e na apropriação da riqueza gerada socialmente: os trabalhadores produzem a riqueza, os capitalistas se apropriam dela.

Para Behring e Boschetti (2007), é necessário, pois, relacionar o surgimento da política social às expressões da questão social, estabelecendo conexões também da política social com as questões estruturais da economia e seus efeitos para as condições de produção e reprodução da vida da classe trabalhadora. Nesse particular, cabe ressaltar, no contexto do capitalismo contemporâneo, o papel e a relevância exercidos pelo ajuste neoliberal na reconfiguração do papel do Estado e seus desdobramentos referentes às políticas sociais.

Assim, as atuais políticas de inclusão digital remetem às políticas sociais da década de 1940-1950, quando a economia brasileira deixa de ser agrária exportadora para tornar-se urbana industrial. Era, portanto, um período de alterações no modo de atuação estatal, com o Estado assumindo um caráter de intervenção nas relações sociais, a partir da adoção de políticas sociais, das quais são exemplos a criação do Serviço Nacional de Aprendizagem Industrial (SENAI), em 1942 e do Serviço Nacional de Aprendizagem Comercial (SENAC), em 1946. Embora atendesse às demandas da classe trabalhadora por uma expansão das oportunidades educacionais, a regulação estatal também atendia aos anseios do capital pela formação de mão de obra.

É importante ressaltar que as políticas sociais não podem ser analisadas apenas a partir de sua expressão imediata como fato social isolado, mas como fenômeno relacional entre Estado e sociedade, gestado num processo histórico nos quais novas questões emergem demandando novos direitos e políticas sociais correspondentes. Nesse aspecto, toda política social é uma forma de regulação ou intervenção na sociedade, onde se articulam diferentes sujeitos, constituindo um conjunto de ações ou omissões do Estado, com interesses diversos tendo como condicionamentos os processos econômicos, políticos e sociais (SILVA, 2001). Assim, os "ganhos" incorporados nos direitos do trabalhador e da população em geral não ocorrem sem uma contrapartida de legitimação e consolidação da hegemonia capitalista industrial (MONTAÑO, 2005, p. 32). Além disso, define uma área de atividade e interesses que requer conhecimento dos objetivos a serem atingidos, estratégias e meios apropriados para sua consecução e, embora ainda nem sempre produza bem-estar, esse é seu fim último. Cabe também aqui ressaltar que a política social pressupõe sistematicidade, continuidade no tempo e previsibilidade de recursos (PEREIRA, 2008).

Para Pereira (2008), as políticas sociais se identificam com os direitos sociais tendo em vista que os mesmos têm como perspectiva a equidade e a justiça social, e por permitirem à sociedade exigir atitudes positivas e ativas do Estado para regular, prover ou garantir esses direitos. Segundo Pereira (2008), uma das principais funções da política social seria então a garantia da concretização de direitos de cidadania conquistados pela sociedade e amparados pela lei. Ao debater o conceito de necessidades humanas básicas em contraposição aos mínimos sociais, a autora adverte que a cidadania é um processo dinâmico no qual novas questões são incorporadas, como se observa na historicidade da conquista dos direitos em suas várias dimensões (PEREIRA, 2000).

Na perspectiva de Marshall (1967), a cidadania é essencialmente um conjunto de direitos que historicamente podem-se subdividir em três gerações: os civis, os políticos e os sociais. Os direitos civis são aqueles necessários à liberdade de ir e vir, liberdade de imprensa, pensamento e fé, o direito à propriedade, de concluir contratos válidos e o direito à justiça. Os políticos são os de participar no exercício do poder político, como membro de um organismo investido de autoridade política ou como um eleitor dos membros de tal organismo. Já os sociais vão desde o direito a um mínimo de bem-estar econômico e de segurança, ao direito de participar, por completo, da herança social e a levar uma vida de um ser civilizado de acordo com os padrões que prevalecem nas sociedades.

Reconhecendo, pois, a dinamicidade do processo de construção da cidadania, cabe então perguntar: de que direitos estamos falando? Dos direitos individuais, aí incluídos os civis e políticos, ou apenas dos direitos sociais? Ou, ainda, dos direitos difusos, coletivos, da humanidade ou de 4ª geração ou dimensão?

Dentre os direitos de 4ª geração, um nos interessa mais de perto neste trabalho: o direito à comunicação. Diferentemente do direito à informação, que pressupõe o direito de ser informado, o direito à comunicação defende o acesso ao poder de comunicar, ao direito de expressar-se por quaisquer meios na condição de emissores – produtores e difusores – de conteúdo (PERUZZO, 2005).

Dessa forma, o direito à comunicação possui relações estreitas com o conceito de sociedade da informação e com o desenvolvimento e acesso às NTICs, se considerarmos que essas tecnologias são elementos constitutivos do capitalismo contemporâneo, afetando o mundo do trabalho, as relações entre Estado e sociedade e as relações sociais. Nessa tensão, têm origem os programas de inclusão digital. Desenvolvidos no Brasil a partir de 1997, tais programas buscam delimitar zonas de intervenção que possam dar lugar às atividades de reparação, caracterizando populações-alvo a partir de um déficit preciso, economizando ações mais ambiciosas e custosas; características atuais das políticas sociais semelhantes. A proposição desses programas é resultado das demandas de grupos e movimentos sociais e também do capital, visando ao rebaixamento dos custos para formação de mão de obra.

Considerando-se o papel desempenhado pelas NTICs na reestruturação produtiva e a atualização da questão social nesse novo cenário, cabe discutir quais relações poderemos estabelecer, de forma explícita ou implícita, a partir dos documentos oficiais entre as políticas e os programas de inclusão digital e de política social.

A questão em debate é instigante para o pesquisador tendo em vista que permite realizar aproximações sucessivas na busca da essência do objeto de pesquisa, no intuito de compreender as inter-relações entre a política de inclusão digital com as transformações do capitalismo contemporâneo e seus rebatimentos nas políticas sociais. O tema insere-se na linha 1 do Mestrado em Política Social do Programa de Pós-Graduação em Política Social (PPGPS) da Universidade Federal do Espírito Santo (UFES) que visa analisar a formulação, a gestão e o controle social de políticas setoriais. Partindo dessa área de interesse e das premissas, definimos como questão de pesquisa os programas e projetos de inclusão digital desenvolvidos pela Prefeitura Municipal de Vitória no período de 2005 a 2010.

Nesse sentido, o método crítico-dialético permite situar os fenômenos sociais em seu complexo e contraditório processo de produção e reprodução, determinado por múltiplas causas e compreendendo as políticas sociais no contexto do capitalismo contemporâneo, como também as respostas dadas pelo Estado à questão social.

Em relação à política de inclusão digital, entendemos que ela não pode ser interpretada como fato em si, mas sim como parte estrutural da totalidade (KOSIK, 1995), na qual tem papel fundamental as transformações ocorridas no regime de acumulação capitalista contemporâneo, as NTICs e a chamada Reforma do Estado.

Visando compreender as determinações externas e os processos de intervenção e consentimento estabelecidos na política de inclusão digital, faz-se necessário situá-la numa perspectiva de totalidade, onde a realidade é definida como um todo estruturado, histórico e dialético no qual um fato qualquer pode vir a ser racionalmente compreendido.

Nesse ponto da exposição, é necessário explicitar os motivos e a trajetória que me levaram a estudar essa temática. Meu primeiro contato com a questão ocorreu no momento da implantação do Programa Nacional de Informática Educativa (PROINFO) no Estado do Espírito Santo. Naquele momento, a escolha do referido tema estava vinculada ao processo de inserção das NTICs na área de educação em nível estadual e, posteriormente, pela instituição do ensino de informática nas escolas da rede pública municipal de Vitória pela Lei 4789 de 10 de novembro de 1998. Ainda que de forma incipiente, meu objetivo era investigar a incorporação das novas tecnologias na sociedade e seus desdobramentos na práxis político-pedagógica do cotidiano escolar. Incomodava-me, já nessa época, a visão propagada pelo Governo Federal de que o computador iria revolucionar a educação e de que o progresso técnico e científico poderia promover a concórdia universal, a democracia descentralizada e participativa, bem como a prosperidade geral (MATELART, 2006).

Uma década depois, já no Mestrado em Política Social da UFES, propus-me a pesquisar o papel dos programas de inclusão digital na reestruturação produtiva e sua proposta de redução do processo educativo à formação instrumental e restrita para o mercado de trabalho. Porém, aos poucos, percebi que apenas com um olhar pedagógico seria impossível compreender a complexidade da questão. Era necessário situá-la no contexto mais amplo considerando as novas configurações do capitalismo, a relação entre Estado e sociedade, bem como as políticas públicas e seus desdobramentos, sejam as políticas sociais ou de inclusão digital. Nessa outra perspectiva foi possível observar melhor que motivos transformaram a inclusão digital num território contestado ou numa arena de disputas para onde se destinam recursos humanos, materiais e financeiros na qual planos, programas e projetos se multiplicam. Por fim, mas não menos importante, fez-se necessário tornar mais claras terminologias que, na atualidade, perpassam a todo o momento o debate acerca da inclusão digital: o significado das expressões sociedade do conhecimento e da informação.

Segundo Silveira (2003), podemos observar três focos distintos nos discursos e propostas de inclusão digital. O primeiro foco trabalha com a perspectiva da inclusão digital voltada para a cidadania, buscando ampliar, por meio das redes informacionais, o direito à comunicação. O segundo focaliza o combate à exclusão digital visando à geração de trabalho, emprego e renda tendo como seu objetivo principal a formulação de estratégias de profissionalização e capacitação. O terceiro foco, por fim, está voltado mais à educação, à formação social e cultural dos jovens diante do aumento exponencial da informação, sendo desenvolvido especialmente nas escolas mediante a utilização de *softwares* educativos.

De acordo com os dados do Observatório Nacional de Inclusão Digital (ONID), em 2011 existiam no Brasil, noventa e cinco programas de inclusão digital, sendo 73 desenvolvidos pelo setor público e 22 pela sociedade civil. Em termos de abrangência, 35 deles são desenvolvidos em nível municipal, 9 em nível regional, 23 no estadual e 28 no âmbito nacional (ONID, 2011). No Brasil, desde 1997, existem programas desse tipo, sendo o primeiro deles o Programa Nacional de Informática na Educação (PROINFO). Atualmente, além do PROINFO, como programas coordenados ou desenvolvidos diretamente pelo governo federal podemos citar o Projeto Cidadão Conectado, Governo Eletrônico Serviço de Atendimento ao Cidadão (GESAC), Maré – Telecentros de Pesca, Telecentros de Informação e Negócios (TIN),

Computador para Todos, Computadores para a Inclusão, Kits Telecentros, Centros Vocacionais Tecnológicos (CVT), Pontos de Cultura, Programa Computador Portátil para professores, Quiosque do Cidadão, Territórios Digitais, Estação Digital, Telecentros Banco do Brasil, Um computador por aluno (UCA), Centros de Inclusão Digital, Espaço SERPRO Cidadão e Observatório Nacional da Inclusão Digital (ONID). As características dessas diferentes iniciativas serão abordadas no capítulo 3.

A existência de várias iniciativas oficiais visando à inclusão digital aponta para a necessidade de uma avaliação da concepção, da implementação e dos resultados dessas políticas. No Estado do Espírito Santo, a Prefeitura Municipal de Vitória é um exemplo de adoção dos programas de inclusão digital, originados e financiados no e pelo Governo Federal.

Especificamente no município de Vitória são desenvolvidos, por iniciativa da Secretaria de Trabalho e Geração de Renda (SETGER), três programas de inclusão digital: Redes Telecentros, Casa Brasil e Vitória Digital. Já a Secretaria de Educação (SEME) coordena o programa Informatização das Escolas Públicas de Vitória (INFOVIT), voltado para o ensino de informática nas escolas dos ensinos infantil e fundamental.

A escolha de Vitória como campo de pesquisa justifica-se tendo em vista que, apesar de sua alta conectividade doméstica, o referido município foi o primeiro do Estado a ter um programa próprio de informatização das escolas (INFOVIT), bem como a destinar recursos para tal fim. Além disso, foi pioneiro na instalação de telecentros no Estado, ação essa divulgada como uma política de inclusão social.

O município de Vitória localiza-se no Estado do Espírito Santo, sendo a terceira capital mais antiga do Brasil. Possui 327.801 habitantes, conforme a estimativa de população IBGE (2010). É o centro da Região Metropolitana, que congrega mais seis municípios, Cariacica, Fundão, Guarapari, Serra, Vila Velha e Viana, totalizando aproximadamente 1,6 milhões de habitantes (PMV, 2010). O município está dividido em 8 regiões administrativas: Centro (Região 1), Santo Antônio (Região 2), Bento Ferreira (Região 3), Maruípe (Região 4), Praia do Canto (Região 5), Continental (Região 6), São Pedro (Região 7) e Jardim Camburi (Região 8). (Região 7) e Jardim Camburi (Região 8).

Segundo o Mapa da Exclusão de Digital elaborado pela Fundação Getúlio Vargas, em 2000, Vitória era considerada a quinta cidade de brasileira em inclusão digital doméstica com 29,54%, definida como "a parcela da população que tem computador no domicilio, com ou sem internet (FGV, 2003, p. 12)". Embora esse índice seja considerado alto, refere-se apenas a uma pequena parcela da população, excluindo um grande contingente de pessoas.

Assim, dadas as várias implicações que os programas de inclusão digital estabelecem, implícita ou explicitamente, com a inclusão social, esta pesquisa tem como objetivos:

Geral
- Realizar uma avaliação política da política de inclusão digital desenvolvida pela Prefeitura Municipal de Vitória no período de 2005 a 2010.

Específicos:
- Identificar e descrever os programas de inclusão digital desenvolvidos pela Prefeitura Municipal de Vitória;
- Identificar os principais processos de articulação nacional / local presentes na constituição da política de inclusão digital da Prefeitura de Vitória;
- Identificar os diferentes públicos atendidos pela política de inclusão digital, os objetivos explícitos e implícitos, o financiamento, bem como a forma como são disponibilizados;
- Identificar as interfaces entre a política de inclusão digital e a política social no contexto da ampliação dos direitos da cidadania;
- Identificar a participação da sociedade civil no processo de controle social da política de inclusão digital da Prefeitura Municipal de Vitória.

Esta pesquisa avaliativa compreendeu o período de 2005 a 2010, e tratou, com maior ênfase, dos programas desenvolvidos pela Secretaria de Trabalho e Geração de Renda (SETGER). Embora haja referência a projetos desenvolvidos anteriormente a esse período, como é o caso do Programa de Informatização das Escolas Municipais de Vitória, é apenas a partir desse período que tais programas desenvolvem-se sob a égide da ampliação dos direitos da cidadania e do atendimento dos direitos difusos e coletivos.

Por que avaliar? Para Arretche (1998), avaliar políticas sociais é se interrogar a seu respeito, tentar elucidar sua finalidade, a forma como são produzidos seus resultados e que práticas se articulam e reforçam. Na mesma linha, Carvalho (2007) considera que avaliar políticas e programas sociais é também apreender, na sua totalidade, os fluxos e os nexos entre a tomada de decisões, sua implementação, execução, resultados e impactos produzidos. Por outro lado, segundo a autora, essa avaliação socializa e acrescenta novas informações e conhecimentos que estão, na maioria das vezes, departamentalizadas e segmentadas.

No Brasil, a expansão da avaliação de políticas e programas sociais é registrada a partir dos anos 80, quando os movimentos sociais passam a demandar políticas sociais universalizadas, como um direito de cidadania. Nessa mesma época, aprofunda-se a crítica ao padrão de políticas sociais desenvolvidas na América Latina e, especificamente, no Brasil. Essas críticas se referem à desfocalização dos programas sociais em relação à população a ser atendida. A disseminação ainda se deve às exigências dos organismos internacionais, como o Banco Mundial e o Banco Interamericano de Desenvolvimento, que demandavam reformas dos programas sociais e que, ao final dos programas, buscavam aferir a eficiência na utilização dos recursos e dimensionar o grau de eficácia com que os objetivos estavam sendo alcançados (SILVA, 2001).

Na avaliação de políticas e programas sociais, três modelos podem ser destacados: a avaliação de processo, de impactos e a política da política (SILVA, 2008). Neste trabalho em especial, interessa-nos a identificação e a análise do referencial teórico que fundamentou a política de inclusão digital da Prefeitura Municipal de Vitória; os determinantes de ordem econômica, política e sociocultural que condicionaram a formulação da política; e os objetivos explícitos e implícitos dessa política. Nesse sentido, a avaliação política da política, parece-nos mais adequada para atender a esses objetivos.

Segundo Arretche, (2007), a avaliação política da política consiste em analisar e elucidar as razões que levaram os decisores públicos a preferi-la em detrimento de outras alternativas possíveis. Nessa perspectiva, prescinde do exame da operacionalidade concreta ou da implementação da política em análise. Ela examina os pressupostos e fundamentos políticos de um determinado curso de ação pública, independentemente de sua engenharia institucional e de seus resultados. Na mesma linha, para Silva (2001), a avaliação política da política volta-se para emitir julgamento em relação à política ou ao programa em si, implicando em atribuir valor aos resultados alcançados, ao aparato institucional onde o programa é implementado e aos atos ou mecanismos utilizados para modificação da realidade social sob intervenção. Para tal, requer definição de critérios e envolve princípios políticos fundamentais sobre a concepção referente ao bem-estar humano, destacando os conceitos de igualdade e democracia, assim como a concepção de cidadania.

Do ponto de vista metodológico, desenvolvemos uma pesquisa de caráter qualitativo. Segundo Orozco Gómes (1995, p. 73), na perspectiva qualitativa, os objetos de estudo são frutos da observação e exploração pelo pesquisador que os constrói a partir de experiências anteriores, relacionando elementos até então não relacionados ou que podem ser explorados de uma maneira mais atrativa gerando novos conhecimentos. Ou seja, para o autor (1996), os objetos científicos não estão dados; eles são construídos pelo pesquisador e compreendidos a partir da ação e do esforço em atribuir sentido, particularmente em um tema tão novo como as NTICs. Para Minayo (2006), a pesquisa qualitativa visa compreender a lógica interna de grupos, instituições e atores quanto a valores culturais e representações sobre sua história e temas específicos, assim como as relações entre indivíduos, instituições e movimentos sociais e também a de processos históricos, sociais e de implementação de políticas públicas e sociais.

Como se trata de uma avaliação política da política, a pesquisa documental é a técnica mais adequada, mostrando-se dotada de notória expressão em decorrência do aumento das fontes documentais disponibilizadas para obtenção de informações e realização de pesquisas (MAY, 2004). Para a referida autora, ao serem considerados como sedimentação de práticas sociais, os documentos têm potencial de informar e estruturar as decisões e os acontecimentos históricos desencadeados em determinadas periodicidades.

Duas perguntas mereceram atenção do pesquisador quando em contato com os documentos: o que ele é? o que ele nos diz? Tendo em vista essas considerações, o documento não pode ser entendido por si, apenas como fato social isolado, mas como processo social e político. Dessa forma, neste trabalho buscamos abordar as fontes documentais em seu contexto político, social e econômico amplo, uma vez que as pessoas registram informações relacionadas aos ambientes dos quais são parte (MAY, 2004).

No processo de construção desta dissertação, os documentos-alvo de análise foram não apenas considerados pelo que expressavam aparentemente (o que foi escrito), mas também por aquilo que era deixado de fora (o que não foi escrito). Nesse sentido, os documentos foram visualizados como meios através dos quais se expressaram tentativas de persuadir sujeitos políticos denotando acontecimentos sociais demarcados em determinadas conjunturas (MAY, 2004).

Em termos da avaliação propriamente dita adotamos as categorias de análise propostas por Boschetti (2007), que considera as dimensões econômicas, históricas e políticas entendidas como uma totalidade fortemente imbricada e articulada. A autora utiliza como elementos empíricos alguns aspectos que nos permitem delinear o quadro institucional da política social. Dentre esses, interessa-me em particular a configuração e abrangência dos programas, a existência ou não do controle social por parte da sociedade, a gestão dos programas analisados e os relativos ao financiamento dos programas (fontes, montante e gastos).

No que diz respeito às configurações e abrangências dos programas analisados, utilizamos como indicadores seu reconhecimento na legislação como direito reclamável ou não; seu caráter (se universal ou focalizado); e sua sistematicidade e continuidade no tempo. Já em relação à abrangência, focalizamos nossa atenção no público-alvo do programa, em seu percentual de atendimento e número de comunidades atendidas.

Em relação ao financiamento dos programas de inclusão da SETGER, procuramos identificar a origem dos recursos, se próprios ou vinculados; previsibilidade e periodicidade dos recursos, as rubricas específicas do orçamento e a distribuição dos recursos pelos diferentes programas que compõem a política de inclusão digital da PMV. Por último, analisamos as relações entre as esferas governamentais, bem como entre o município e as organizações não governamentais.

Para atender aos objetivos propostos, mapear o tema e o contexto, foi necessário recorrer aos documentos do governo federal sobre inclusão digital e de organizações não governamentais (ONGs) e a pesquisas sobre Internet. Já a pesquisa bibliográfica abordou os temas política social, direito à comunicação, reforma do Estado, sociedade da informação e do conhecimento, neoliberalismo, globalização e reestruturação produtiva utilizando como referência os autores: Pereira (1994, 1996, 2000, 2003, 2008, 2009), Santos (2002), Harvey (1992), Ianni (2001), Antunes (2006), Behring (2000), Boschetti (2007), Silveira (2001, 2003, 2008), Silva (2001, 2008), Anderson (1995) e Burch (2005), dentre outros. Foram identificados e analisados os seguintes documentos da PMV:

- Planos de Governo do período pesquisado;
- Relatórios de Gestão do período pesquisado;
- *Sites* dos programas de inclusão digital selecionados;
- Orçamentos municipais referentes ao período de 2005 a 2010;
- PPA 2002-2005, 2006-2009 e 2010-2013;
- Planejamento Estratégico 2005-2008;
- Vitória do Futuro – Plano Estratégico da Cidade 1996-2010;
- Projeto Vitória do Futuro – Versão 2002;
- Atos do Executivo e do Legislativo no período analisado.

Após a identificação dos documentos relacionados às políticas de inclusão da Prefeitura Municipal de Vitória (PMV), os mesmos foram organizados através de ficha contendo informações sínteses do conteúdo de cada um.

Uma vez identificados e organizados os documentos, procedeu-se a análise dos dados. A análise de conteúdo, baseada em Bardin (1995), é "um conjunto de técnicas de análise das comunicações que utiliza procedimentos sistemáticos e objetivos de descrição do conteúdo das mensagens". Sua característica básica é a inferência ou dedução de maneira lógica, operação usada para extrair conhecimentos através do tratamento de mensagens, como perceber as intenções por trás do discurso a partir de seus enunciados.

A dissertação apresentada obedece à seguinte ordem: O capítulo 1 recupera parte essencial do debate teórico em torno das transformações ocorridas em diversos campos a partir da década de 1970 do século passado como reação do sistema capitalista ao esgotamento do regime de acumulação ora em vigor. Discute-se, nesse capítulo, as relações entre as Novas Tecnologias de Informação (NTICs), reestruturação produtiva, neoliberalismo, globalizações, direito à comunicação, à sociedade da informação e do conhecimento. O capítulo 2 tem como foco principal as configurações historicamente assumidas pelas políticas públicas sociais e, em especial, as de inclusão digital, procurando salientar os principais traços que têm caracterizado os programas desenvolvidos nessa área, como também suas inter-relações com a política social. No capítulo 3, foi realizado um resgate histórico do desenvolvimento das políticas e estratégias de inclusão digital no Brasil e seus desdobramentos em nível municipal. No capítulo 4, é apresentada a política de inclusão digital desenvolvida pela Prefeitura Municipal de Vitória, procurando estabelecer possíveis relações com a política social, bem como com as características do capitalismo contemporâneo.

Os resultados da análise, com base nos critérios apresentados por Boscheti, apontam que o programa de inclusão de Vitória, possui algumas inconsistências. Uma dessas inconsistências refere-se à indefinição no público-alvo do programa. Na identificação das interfaces com a política social, o item mais ausente foi o de controle social. Por outro lado, por ser muito amplo, beneficia parcelas da população que não possuem relação com os objetivos do programa, dificultando a ampliação da sua abrangência.

Outra contradição importante refere-se ao fato de os programas de inclusão digital desenvolvidos pela PMV, embora façam parte do eixo estratégico Defesa da Vida e Direitos Humanos, estarem vinculados à Secretaria de Trabalho e Geração de Renda (SETGER) e não à Secretaria de Cidadania e Direitos Humanos.

Outro aspecto que merece atenção nessa questão é a desigual distribuição dos programas pelos bairros e regiões administrativas da cidade, tornando pouco claros os critérios de implantação dos programas de inclusão digital.

Nesse sentido, alguns aspectos da política de inclusão possuem similaridades com a política social, dentre os quais podemos destacar: a focalização concentrada nos bairros com maior nível de renda, a forte atuação do governo federal (como grande ideólogo e financiador inicial) e a presença, no programa que tem maior volume de recursos alocados, de convênio com uma organização não governamental.

Se para muitos inclusão digital é sinônimo de inclusão social há poucas interfaces entre os dois mesmo no discurso oficial. O conceito de cidadania que permeia os referidos programas tem uma forte relação com a formação profissional e o empreendedorismo. O direito à comunicação, como elemento de ampliação da cidadania e de democratização nas relações sociais, não pode ser constatado em nenhum dos programas analisados.

Ao final deste trabalho, pode-se ter a impressão de que poderíamos ter ido mais longe, uma vez que a cada momento novas informações e novos dados vão surgindo, bem como mudanças na política de inclusão digital vão se processando continuamente, pois o processo é dinâmico.

Dessa forma, este trabalho é mais um retrato do quadro atual do processo de luta pelo direito à comunicação no Brasil e de uma política municipal em desenvolvimento do que um documento definitivo sobre o tema. De toda forma, esperamos contribuir no debate sobre a temática e também fornecer subsídios para que outras pesquisas possam dar continuidade ao tema.

CAPÍTULO 1

O CAPITALISMO CONTEMPORÂNEO:
mudança permanente ou reparo temporário?

Embora não seja um fenômeno novo, o processo de globalização em curso tem provocado profundas transformações nos campos econômico, político, social e cultural; alterando significativamente as condições de vida e de trabalho, o modo de ser, sentir e pensar dos homens e mulheres nas últimas décadas. Ainda que de maneira geral a globalização venha sendo caracterizada como um fenômeno estritamente econômico, é importante ter em mente que tal processo só se materializa a partir de determinadas condições políticas e culturais (GUGLIANO, 2000).

De fato, o fenômeno da globalização, que vem caracterizando a economia internacional desde meados da década de 1970 ou, como prefere François Chesnais (1996), a "mundialização do capital", tem sido interpretado de diferentes maneiras. O termo adquiriu um sem-número de sentidos que mais confundem do que esclarecem seu real significado. Dentre os equívocos mais correntes, situa-se a visão da globalização como um processo exclusivamente econômico. Trata-se de uma simplificação, pois o processo de globalização não se resume a uma dinâmica puramente econômica, mas a um fenômeno multidimensional que obedece a decisões de natureza política.

A ênfase unilateral nos aspectos econômicos conduz a outro equívoco no que tange às análises efetuadas sobre a globalização. Trata-se do pressuposto de um automatismo cego do mercado globalizado. O processo estaria submetido a uma lógica férrea, à qual todos os países deveriam se ajustar de modo inescapável e segundo um receituário único. Conforme Lastres e Ferraz (1993, p. 10-11):

> na percepção dominante do fenômeno da globalização estaríamos caminhando para um mundo sem fronteiras com mercados (de capitais, tecnologia, bens e serviços) tornando-se efetivamente globalizados e para um sistema econômico mundial dominado por forças de mercado 'incontroláveis', sendo seus principais atores as grandes corporações transnacionais, socialmente sem raízes e sem lealdade com qualquer Estado-Nação.

Dessa perspectiva, a globalização é apresentada como um mito, um fenômeno irreversível sobre o qual não se pode intervir ou exercer influência. De acordo com Diniz (2001, s/p), a abordagem de teor economicista implica:

> uma visão determinista, já que a ordem mundial é percebida como submetida a uma dinâmica incontrolável, de efeitos inexoráveis, o que, no limite, descartaria a existência de alternativas viáveis. Efetivamente, se a globalização é apresentada como um processo inevitável, independente da intervenção humana, adaptar-se de forma imperativa torna-se a única saída possível.

De acordo com Limoeiro-Cardoso (1999, p. 106):

> A noção de globalidade remete a conjunto, integralidade e totalidade. A palavra 'global' carrega consigo esse mesmo sentido de conjunto, inteiro, total. Sugere, portanto, integração. Desse modo, ou por esse meio, o uso do termo 'global' supõe ou leva a supor que o objeto ao qual ele é aplicado é, ou tende a ser, integral, integrado, isto é, não apresenta quebras, fraturas, ou hiatos. Globalizar, portanto, sugere o oposto de dividir, marginalizar, expulsar, excluir. O simples emprego de 'globalizar' referindo- se a uma realidade que divide, marginaliza, expulsa e exclui, não por acidente ou casualidade, mas, como regularidade ou norma, passa por cima desta regularidade ou norma, dificultando a sua percepção e mesmo omitindo-a. Consciente e deliberadamente, ou não, a utilização da palavra nestas condições tem exatamente tal eficácia.

Já no entender de Ianni (1997, p. 89), o processo de globalização que se desenvolve ao redor do mundo produz desenvolvimentos desiguais e contraditórios, sendo que, no mesmo curso da integração e homogeneização, desenvolve-se a fragmentação e a contradição. Assim, longe de se ter produzido uma ordem econômica mundial mais integrada e inclusiva, o que se observou foi a configuração de um sistema internacional, marcado por grandes contrastes e polaridades, ocasionando a reprodução das desigualdades entre as grandes potências e os países periféricos.

Entre os equívocos induzidos pela visão economicista, deve-se mencionar também a ênfase unilateral nos custos econômicos da globalização, perdendo-se de vista seus custos políticos e sociais, tão ou mais relevantes. Para Santos (2002, p. 11), a globalização é um processo complexo que atravessa as mais diversas fronteiras, dos sistemas produtivos e financeiros à revolução nas tecnologias e práticas de informação e comunicação, da erosão do Estado nacional, ao aumento exponencial das desigualdades sociais, ao protagonismo das empresas multinacionais e das instituições financeiras multilaterais.

Ainda que a referida terminologia seja tema de debates e controvérsias, concordamos com a afirmação de Arrighi (2003) de que a "globalização" pode ser uma designação incorreta para o que está ocorrendo. Contudo, a mudança expressiva que o uso do termo pretende expressar apresenta sérios desafios para os modos estabelecidos de pensar o mundo.

Dessa forma, o processo de globalização não pode ser explicado caso seja considerado como um fenômeno monocausal, haja vista que ele interage com outros processos, influenciando e sendo influenciado por eles. Alguns desses processos nos interessam particularmente no desenvolvimento deste trabalho: o esgotamento do regime de acumulação fordista-keynesiano e a crise do Estado do Bem-Estar Social, o neoliberalismo e a difusão das Novas Tecnologias de Informação e Comunicação (NTICs). Entretanto, para compreender esses processos e como eles se relacionam, faz-se necessária uma perspectiva histórica, passível de situar os acontecimentos no seu contexto.

Entre os anos de 1945 a 1973, a economia mundial experimentou um longo período de expansão conhecido como a "Idade de Ouro" do capitalismo. A base material desse período constituía-se em "um conjunto de práticas de controle de trabalho, tecnologias, hábitos de consumo e configurações político-econômicos, chamado de fordista-keinesiano" (HARVEY, 1989, p. 119). Dentre outras, esse conjunto de práticas caracterizava-se pela produção e consumo de massa, padronização da produção, funcionalidade e eficiência, hegemonia econômica e financeira dos EUA e acentuada intervenção estatal na economia.

Nesse período, todos os Estados industrializados tomaram medidas que estenderam a rede de serviços sociais, instituindo uma carga fiscal fortemente progressiva, intervindo na sustentação do emprego e da renda dos desempregados, instituindo o que ficou conhecido como Estado do Bem-Estar Social.

Ao fim da década de 1960, esse modelo de desenvolvimento começou a apresentar sinais de esgotamento com a progressiva saturação dos mercados internos de bens de consumo duráveis, concorrência intercapitalista e crise fiscal e inflacionária dos Estados-Nação.

Segundo Harvey (1992), desde então, o mercado de trabalho passou por uma radical reestruturação. Diante da forte volatilidade, do aumento da competição e do estreitamento das margens de lucros, os patrões tiraram proveito do enfraquecimento do poder sindical e da grande quantidade de mão de obra para impor regimes e contratos de trabalho mais flexíveis ou subcontratados. Esses processos produtivos permitiram uma aceleração do ritmo da inovação do produto, ao lado da exploração de nichos de mercado altamente especializados e de pequena escala, permitindo com isso a redução do tempo de giro das mercadorias. Essas mudanças nos sistemas de produção foram acompanhadas por uma atenção muito maior às modas fugazes e pela mobilização de todos os artifícios de indução de necessidades e de transformação cultural que isso implicava.

Distanciando-se tanto daqueles que falam em processos produtivos, inteiramente distintos das bases fordistas quanto daqueles que não veem novas e significativas transformações no interior do processo de produção de capital, Harvey (1992) considera perigoso fingir que nada mudou. Desde então, para o autor, fatos como a desindustrialização ou a transferência geográfica de fábricas, flexibilidade dos mercados de trabalho, a automação e a inovação de produtos revelavam indícios do surgimento de um novo regime ao qual, em oposição à rigidez do fordismo, Harvey denominou acumulação flexível.

Assim, o autor desenvolve a tese de que, como se trata de uma forma própria do capitalismo, a acumulação flexível mantém três características essenciais desse modo de produção. A primeira é voltada para o crescimento. Na segunda, esse crescimento em valores reais apoia-se na exploração do trabalho vivo no universo da produção. Na terceira, essa nova fase do capitalismo é marcada por uma intrínseca dinâmica tecnológica e organizacional.

No que se refere à dinâmica tecnológica e organizacional no âmbito das relações capitalistas de produção, essas mudanças tornaram possível que o processo de reestruturação das forças produtivas tivesse sua nova base social e técnica sob a forma de tecnologias de automação programável, fundada na microeletrônica e em inovações organizacionais (BRAGA, 1995).

Mas é no campo discursivo, entretanto, que o processo de globalização tem travado a maior batalha pela conquista da hegemonia na redefinição das esferas social, política e pessoal, desempenhando papel fundamental nessa tentativa de construção de significados do ideário ou doutrina neoliberal.

Segundo Anderson (1995), as origens do que se definiu como neoliberalismo remonta ao pós Segunda Guerra Mundial e pode ser caracterizado como uma reação política e teórica contra o Estado Intervencionista e do Bem-Estar Social. Na tentativa de combater a intervenção estatal na economia, o neoliberalismo centra seus ataques na divinização do mercado e na satanização do Estado, tendo como textos inspiradores O *caminho da servidão,* de Friederich Hayek (1944) e *Capitalismo e liberdade*, de Milton Friedman (1973).

Suas primeiras experiências concretas ocorreram no Chile de Pinochet; na Inglaterra, de Thatcher; e nos Estados Unidos, de Ronald Reagan. Eram embasadas nas deliberações do Consenso de Washington que, em suas principais formulações, propunha a implementação de cinco eixos principais: a redução dos gastos públicos visando o equilíbrio orçamentário, a abertura comercial mediante redução de tarifas de importações e eliminação de barreiras não tarifárias, reformulação das normas de restrição à entrada de capital estrangeiro, não intervenção do Estado na economia e privatização de empresas e dos serviços públicos (SOARES, 1996).

Esse receituário neoliberal foi desenvolvido em maior ou menor grau em quase todos os países do mundo, o que comprova a força desse discurso ideológico que varreu os cinco continentes.

Para Oliveira (2006), o ponto principal da crítica neoliberal ao Estado de Bem-Estar Social reside no papel que o Estado assume frente aos novos desafios do capital e na recomposição dos superlucros por parte do mesmo.

Segundo Anderson (1995), na visão dos neoliberais, o remédio para a crise fiscal dos Estados-Nação seria:

> [...] manter um Estado forte, sim, em sua capacidade de romper o poder dos sindicatos e no controle do dinheiro, mas parco em todos os gastos sociais e nas intervenções econômicas. A estabilidade monetária deveria ser a meta suprema de qualquer governo. Para isso seria necessária uma disciplina orçamentária, com a contenção dos gastos para com o bem-estar e a restauração da taxa 'natural' de desemprego, ou seja, a criação de um exército de reserva de trabalho para quebrar os sindicatos (p. 11).

Além disso, na perspectiva neoliberal seria necessário reduzir os impostos sobre as altas rendas para que uma saudável desigualdade pudesse dinamizar as sociedades estagflacionárias. Assim, para Anderson (1995, p. 23), se o neoliberalismo fracassou por não revitalizar o capitalismo, ele atingiu outros objetivos como a criação de sociedades mais desiguais e seu triunfo maior consistiu na disseminação ideológica do ideário ultraliberal, "[...] disseminando a simples ideia de que não há alternativas para os seus princípios e que, todos, seja confessando ou negando, têm de adaptar-se às suas regras".

Esse conteúdo ideológico é o terreno fértil para as receitas que indicam o mercado como a única saída possível para a crise econômica, prescindindo da ética tal como uma equação matemática, unívoca, excluindo as relações históricas de poder, os interesses de classe e todo o conjunto estrutural das sociedades às quais as receitas se aplicam.

A descentralização (nesse caso, desobrigação) do Estado e de suas agências enquadra-se dentro do contexto neoliberal como a única solução possível para adequá-lo – em todos os seus níveis – aos padrões mínimos compatíveis com a nova organização do capitalismo "flexível" e "globalizado".

Essa lógica do contrato, em que produtores e consumidores estabelecem relações de troca livremente no mercado, é portadora de uma cultura ideológica própria, de "releitura e reconversão qualitativa" das noções de "democracia" e de "direito", como coloca Pablo Gentili:

> O neoliberalismo, para triunfar – e em muitos casos o está fazendo –, deve quebrar *a lógica do senso comum* mediante a qual se 'leem' estes princípios. Deve, em suma, criar um novo marco simbólico-cultural que exclua ou redefina tais princípios reduzindo-os à sua mera formulação discursiva, vazia de qualquer referência de justiça e igualdade (1995, p. 230).

Dentro dessa lógica do contrato, a igualdade passa pela meritocracia em que os indivíduos iguais, com atributos diferenciados, mais ou menos aptos, "jogam" livremente no mercado. Tal esquema é característica na nova sociedade "dualizada", na qual "integrados" e "excluídos" não constituem uma anomia a ser superada dentro de uma perspectiva de futuro, mas constituem normalidade dentro de um sistema calcado na competitividade.

Dessa forma, o neoliberalismo pode ser caracterizado como uma *doutrina, um movimento e um programa político*. Como doutrina, define-se como uma relação de afinidade/oposição com as correntes políticas em vigor. É importante destacar que, no quadro de flexibilização do capitalismo, o neoliberalismo defende como doutrina fundamentalista as virtudes do capitalismo pré-kenesiano (que tem como virtude a rejeição dos compromissos sociais), conquistadas historicamente com o capitalismo contemporâneo. Cruz (2003, p. 356) resume assim o seu significado: "[...] O neoliberalismo não é conservador, muito menos progressista: ele é pura e simplesmente reacionário". Para entendermos como o neoliberalismo se institucionaliza como pensamento único, é necessário, ainda que de forma breve, discutir o papel desempenhado pelos *think thanks* nesse processo.

Nesse particular, Frederic Hayek, um dos principais defensores do ideário neoliberal, participou ativamente até a sua morte, em 1992, da formação do movimento liberal internacional. Uma das expressões desse movimento foi a criação dos chamados *think tanks*, os centros de estudo, instituições e fundações que se dedicaram à formulação de políticas econômicas de orientação liberal (GROS, 2003). Para o autor, os *thinks tranks* são uma forma de ação política que tem como objetivo a divulgação e a colocação racional de uma forma de ver o mundo. Eles produzem conhecimento e formulam propostas de políticas públicas na Inglaterra e nos Estados Unidos desde os anos 1940, com equipe de técnicos de alto nível vinculados a universidades de prestígio. Além disso, divulgam pesquisas por meio de livros, periódicos, debates e assessoria a partidos políticos.

Ainda de acordo com Gros (2003), esses *think tanks* conseguiram a vitória de Reagan e definiram as suas políticas sociais, assim como participaram na Inglaterra do desmonte do Estado de Bem-Estar Social. Porém, essa "virada conservadora" foi produto de um longo processo de trabalho em universidades, centros de pesquisa, formulação de políticas, participação em organismos internacionais, dentre outros.

No que tange ao *programa político*, o neoliberalismo esteve presente no conjunto das reformas econômicas e políticas dos anos 80 do século XX por intermédio do receituário caracterizado por: a) ataque aos sindicatos e redução dos direitos trabalhistas, b) redução da intervenção do Estado na economia por meio de desregulamentações de diversos setores de atividades e privatizações de empresas públicas, c) defesa da estabilidade financeira a qualquer preço (elevação brutal do desemprego), d) exaltação do mercado auto-regulado como único mecanismo de coordenação econômica. Em resumo, o programa neoliberal buscou a generalização da lógica mercantil no interior de cada sociedade, aspirando à "constituição, em escala planetária, de um espaço econômico homogêneo onde bens e capitais (e não pessoas) circulem livres de qualquer embaraço, indiferentes a considerações de caráter social, político ou cultural (CRUZ, 2003, p. 358)".

No âmbito do mercado de trabalho, por sua vez, e sempre em nome da competitividade, a busca da flexibilidade exige a "livre contratação" entre capital e trabalho, sem nenhum tipo de restrição; exige a "livre negociação" sem intervenção e regulamentação por parte do Estado. O objetivo é flexibilizar a jornada de trabalho, a remuneração e os direitos sociais existentes.

Segundo Mota (2000), a ofensiva política, social e ideológica para assegurar a reprodução dessa proposta passa pela chamada reforma do Estado e pela redefinição de iniciativas que devem ser formadoras de cultura e sociabilidade, imprescindíveis à gestação de uma reforma intelectual e moral conduzida pela burguesia para estabelecer novos parâmetros na relação entre o capital, o trabalho e destes com o Estado.

Assim, a partir dos anos 1980 e, mais acentuadamente no início dos anos 1990, nos países de capitalismo periférico, como o Brasil, assistimos a uma tendência ao desmonte do propósito essencial da política social de direito: sua oferta universalista e distributiva (CARVALHO, 1989).

Aqui, nesse período, as mudanças nas conjunturas político-econômicas nacional e internacional apresentadas acima, fazem emergir a discussão acerca da Reforma Administrativa do Estado Brasileiro. A proposta é que o Estado não seja mais o responsável direto pelo desenvolvimento econômico e social na produção de bens e serviços, deslocando o eixo de sua atuação para as funções de promotor e regulador. Como expressão institucional dessa proposta, é aprovado, em setembro de 1995, o Plano Diretor para a Reforma do Aparelho do Estado (Brasil, 1995), contendo as diretrizes gerais para a Reforma da Administração Pública Federal.

Analisando a proposta de reforma administrativa contida no referido Plano Diretor, Andrews e Kouzmin enfatizam que o argumento para justificar sua necessidade seria o de que a reforma é:

> uma exigência imposta pela globalização da economia, tendo em vista que a competição causada pela mesma promove a reorganização das forças produtivas em todo o mundo apresentando dois novos desafios aos Estados nacionais: ajudar a indústria a competir nos mercados internacionais e a proteger os cidadãos das desigualdades dentro e entre países (1998, s/p).

Para o principal formulador da Reforma do Estado, o ex-ministro Bresser Pereira, o Brasil e a América Latina haviam sido atingidos por uma crise fiscal nos anos 1980, acirrada pela crise da dívida externa e pelas práticas de populismo econômico. Esse contexto exigiria uma disciplina fiscal, a privatização e a liberalização comercial. Assim, segundo Behring (2003, p. 173),

> se a crise se localizava na insolvência fiscal do Estado, no excesso de regulação e na rigidez e ineficiência do serviço público, a reforma do Estado era necessária tendo em vista recuperar a governabilidade (legitimidade) e a governança (capacidade financeira e administrativa de governar).

De acordo com Andrews e Kouzmin (1998), a governança seria alcançada por meio das privatizações, da terceirização e da transferência dos serviços públicos para organizações não-governamentais (publicização). Para isso, seria fundamental realizar o ajuste fiscal, implantar a administração gerencial e separar a formulação da implementação de políticas públicas. Em relação à governabilidade, ela seria realizada pela melhoria da democracia representativa e pela introdução do controle social.

Além dos aspectos acima, o Plano Diretor apresentava como justificativa para a Reforma o esgotamento do modelo intervencionista e protecionista de Estado, sendo necessário substituir a administração pública burocrática pela gerencial. O Plano destaca alguns pontos essenciais para a reforma do Estado, como, por exemplo:

> o ajustamento fiscal duradouro; reformas econômicas orientadas para o mercado, que, acompanhadas de uma política industrial e tecnológica, garantam a concorrência interna e criem as condições para o enfrentamento da competição internacional; a reforma da previdência social; a inovação dos instrumentos de política social, proporcionando maior abrangência e promovendo melhor qualidade para os serviços sociais; e a reforma do aparelho do Estado, com vistas a aumentar sua 'governança', ou seja, sua capacidade de implementar de forma eficiente políticas públicas (BRASIL, 1995, p. 16).

Analisando esses pontos, Behring (2003) afirma que reformar o aparelho do Estado significou orientar a administração pública para a redução de seu papel prestador, fortalecendo suas funções reguladoras e promovendo a descentralização de serviços e atividades, seja para os níveis subnacionais ou para o setor privado.

Especificamente em relação ao processo de privatização das empresas estatais (um dos pilares da Reforma do Estado Brasileiro), o sistema Telebrás interessa-nos de modo especial. Isso porque, ao abandonar o papel de executor e tornar-se um regulador desse setor, o Estado abre mão do acesso e do domínio da informação, dificultando assim a concepção de políticas públicas (MARQUES E PINHEIRO, 2011). Privatizado em 1997, o segmento de telecomunicações brasileiro ampliou o acesso à telefonia fixa, mas não modificou a estrutura centralizadora do capital nos meios de comunicação e informação. Apesar de potencializar uma demanda por novas tecnologias, formando novos consumidores, não ampliou os atores/setores de produção de conteúdos.

Para compreendermos o percurso do que se denominou posteriormente de universalização dos serviços de telecomunicações, faz-se necessário analisar, ainda que brevemente, o programa de governo do então candidato Fernando Henrique Cardoso, "Mãos à Obra Brasil"; a exposição de motivos n° 231, do Ministério das Comunicações, de que trata da Lei Geral das Telecomunicações (LGT); e o Plano Geral de Metas de Universalização do Serviço Telefônico Fixo Comutado (PGMU).

A proposta do programa de governo, do então candidato Fernando Henrique Cardoso (FHC), chamado "Mãos à Obra, Brasil", em seu capítulo referente às telecomunicações, afirmava que:

> A tecnologia da informação tornou-se a peça fundamental do desenvolvimento da economia e da própria sociedade. [...]. Não se trata apenas de alcançar uma maior difusão de um serviço já existente, por uma questão de equidade e justiça. Trata-se de investir pesadamente em comunicações para construir uma infraestrutura forte, essencial para gerar as riquezas de que o país necessita para investir nas áreas sociais (CARDOSO, 2008, p. 23).

No mesmo texto, o então candidato a presidente da República alega:

> O setor das telecomunicações é hoje, sem dúvida, um dos mais atraentes e lucrativos para o investimento privado, em nível internacional. Trata-se de um dos setores líderes da nova onda de expansão econômica, que se formou a partir da chamada terceira revolução industrial. Pode-se contar que não faltarão investidores interessados em expandir essa atividade no mundo, em geral, e num país com as dimensões e o potencial do Brasil, em particular (CARDOSO, 2008, p. 23).

Já o Ministro das Comunicações do Presidente FHC (1996, p. 9-10), Sérgio Motta, na exposição de motivos da LGT, explica que o setor de telecomunicações:

> passa por profundas transformações em todo o mundo, ditadas por três forças, ou vetores, que se inter-relacionam e, em certa medida, se determinam reciprocamente: a) a globalização da economia; b) a evolução tecnológica e c) a rapidez das mudanças no mercado e nas necessidades dos consumidores (MOTTA, 2006).

Para Motta (1996, p. 11), de uma forma geral, observa-se hoje que:

> a) a disponibilidade de uma infraestrutura adequada de telecomunicações é fator determinante para a inserção de qualquer país em posição destacada no contexto internacional;

> b) os países mais desenvolvidos estão atuando em conjunto para desenvolver uma adequada infraestrutura – seja em termos de meios, seja em termos de aplicações – que possa alavancar o desenvolvimento da chamada '**sociedade da informação**', em benefício de seus cidadãos e de suas empresas (a chamada *information highway*) (grifos do autor);

> c) os países em desenvolvimento, como o Brasil, devem participar dessa verdadeira revolução, que acontecerá em escala mundial, para aproveitar as oportunidades que se abrirão de saltar etapas de desenvolvimento tecnológico e de estimular o desenvolvimento social e econômico.

Já o Plano Geral de Metas de Universalização, segundo Marques e Pinheiro (2011), estabeleceu metas para universalizar apenas a telefonia fixa deixando todos os demais serviços, como telefonia celular e acesso à Internet, fora do rol dos serviços universalizáveis, mesmo com a difusão da percepção de que o alcance socioeconômico das NTICs traria fortes reflexos nos níveis macro e microssocial.

Esses fatores revelam que a difusão das NTICs não ocorre de forma linear, nem tampouco num ritmo igual ou semelhante nos mais diversos países, regiões ou comunidades. Tal processo gera uma assimetria no uso e acesso à informação, com rebatimentos nos esforços de ampliação dos direitos da cidadania.

1.1. Sociedade da Informação ou Sociedade das Ilusões?

Muito se tem discutido sobre os conceitos de sociedade da informação ou do conhecimento. Na maioria das vezes, os termos são tratados como sinônimos, conforme demonstra a construção frasal acima. Em casos mais raros, tenta-se estabelecer limites para o uso dos mesmos considerando-os distintos e, portanto, necessitando de uma maior clareza.

Para Lindsey (2000, p. 36), o termo sociedade da informação refere-se à

> enorme proliferação da informação, estimulada pelo aproveitamento da microeletrônica e pelas primeiras manifestações do seu potencial impacto social e econômico. [...]. A sociedade do conhecimento distingue-se [...] pela maneira como encara a mudança estrutural da economia a longo prazo. Segundo esta visão, a produção, divulgação e utilização do conhecimento irão desempenhar um papel ainda mais importante na criação e aproveitamento da riqueza.

Segundo Vieira (2005, p. 15), o termo sociedade da informação é utilizado com naturalidade nos discursos correntes ainda que existam "diferentes concepções que, não sendo incompatíveis entre si, encerram alguns problemas inerentes à definição da expressão". Do ponto de vista analítico, é possível identificar diferentes critérios nos quais os teóricos da sociedade da informação se baseiam para dar conta das mudanças em curso. Esses critérios correspondem a diferentes concepções e interpretações da expressão sociedade da informação e dizem respeito às visões tecnológicas, econômicas, ocupacionais, espaciais e culturais.

Segundo Burch (2005), a expressão sociedade da informação já está consagrada como o termo hegemônico, não necessariamente pela sua clareza teórica, mas pelo fato de ter sido adotada, a partir de 1998, primeiramente pela União Internacional de Telecomunicações (UIT) e depois pela ONU na convocção da Cúpula Mundial da Sociedade da Informação (CMSI).

Em 2001, a União Internacional das Telecomunicações (UIT), agência da ONU relacionada ao setor de telecomunicações, convoca a CMSI que foi prevista para ocorrer em duas fases: a primeira em dezembro de 2003, em Genebra e a segunda em novembro de 2005, em Túnis.

Alguns anos antes, em 1996, um grupo de organizações não governamentais e pesquisadores de diversos países haviam criado a Plataforma para os Diretos da Comunicação. A plataforma visava, em primeiro lugar, gerar um amplo debate sobre os direitos à comunicação e seus impactos econômicos, sociais e culturais e influir na construção de políticas públicas democráticas nacionais e globais.

Com a proximidade da realização da CMSI, a Plataforma de Londres, como ficou conhecida, decidiu concentrar todos os seus esforços na Campanha *Communication Rights in the Information Society* (CRIS). Tratava-se de um projeto de governança global com o objetivo de construir bases teóricas e ferramentas práticas para subsidiar a luta pelo direito à comunicação no mundo todo – onde questões como concentração, massificação e monopólios haviam se tornado comuns. Ou seja, a Campanha CRIS surgiu dos debates preparatórios para a CMSI, convocada pelas Nações Unidas para debater o novo estágio das Tecnologias da Informação e Comunicação (TICs) e seu impacto mundial. Dada a pouca receptividade que a sociedade civil organizada sentiu ao participar do processo da CMSI, entidades como a Associação Mundial das Rádios Comunitárias AMARC, a Associação Mundial para a Comunicação Cristã (WACC) e a Associação para o Progresso das Comunicações (APC) organizaram a CRIS para ampliar e democratizar o debate sobre essa nova "sociedade da informação".

Com a realização da CMSI, a temática da comunicação ganha nova dimensão no cenário mundial, principalmente levando-se em consideração que, nesse momento, ampliava-se a inserção das NTICs em diversos setores da sociedade. Contudo, embora essa tecnologia fosse capaz de conectar o planeta, "era acessível a somente uma pequena parcela da população, afetando interesses dos setores público e privado, bem como da sociedade civil" (FILHO, 2004, s/p).

Dentre as temáticas debatidas na CSMI realizada em 2003 podemos destacar, dentre outras: controle da Internet, adoção de *softwares* proprietários ou livres, direitos da propriedade intelectual, criação de um fundo de solidariedade digital e de uma instância mundial de governança na Internet, que pela sua complexidade e pelos interesses envolvidos permanecem atuais nos dias de hoje (FILHO, 2004). O debate dessas propostas revelaram concepções bastante distintas sobre a capacidade de utilização e aproveitamento das NTICs e da Internet por parte do governo de países desenvolvidos: grandes empresas de um lado; e de outro, a sociedade civil.

Segundo Burch (2005), uma das metas estabelecidas na convocatória da primeira fase da CMSI era justamente desenvolver uma visão comum sobre a sociedade da informação. Ainda que boa parte das delegações governamentais e do setor privado desse pouca importância a esse aspecto, para muitas organizações da sociedade civil tratava-se de um aspecto-chave, pois aí acontecia a discussão sobre os sentidos, colocando em evidência a confrontação de projetos de sociedade.

De fato, dois enfoques distintos cruzaram todo o processo podendo ser resumidos da seguinte forma: no primeiro enfoque a sociedade da informação referia-se a um novo paradigma de desenvolvimento, que atribuía à tecnologia um papel causal no sistema social, situando-a como motor do desenvolvimento econômico. No entender de Burch (2005), nesse contexto, o termo de sociedade da informação como construção política e ideológica desenvolveu-se nas mãos da globalização neoliberal, cuja principal meta foi acelerar a instauração de um mercado mundial aberto e autorregulado. Essa política contou com a estreita colaboração de organismos multilaterais como a Organização Mundial do Comércio (OMC), o Fundo Monetário Internacional (FMI) e o Banco Mundial.

O segundo enfoque entende que a nova etapa do desenvolvimento humano na qual estamos caracteriza-se pelo predomínio da informação, da comunicação e do conhecimento na economia e no conjunto de atividades humanas. A tecnologia seria o suporte que desencadeou a aceleração desse processo, mas não é um fator neutro, nem seu rumo é inexorável. Nessa perspectiva, as políticas para o desenvolvimento da sociedade da informação devem ser centralizadas nos seres humanos, conforme suas necessidades e dentro de um contexto de direitos humanos e justiça social (BURCH, 2005).

De acordo com Burch (2005, s/p), esse segundo enfoque foi predominante na Declaração da Sociedade Civil em que ela se compromete a

> constituir sociedades da informação e da comunicação centradas nas pessoas, abrangentes e equitativas. Sociedades nas quais todos possam criar, utilizar, compartilhar e disseminar livremente informação e conhecimento, assim como ter acesso a eles para que indivíduos, comunidades e povos sejam habilitados para melhorar sua qualidade de vida e colocar em prática todo seu potencial.

Embora haja muitas interpretações quanto ao papel das NTICs no capitalismo contemporâneo, há concordância de que elas são axiais e afetam as relações sociais, econômicas e políticas atuais (VIEIRA, 2005). Como quaisquer outras tecnologias, têm origens sociais e exercem uma influência decisiva no seu desenvolvimento porque nem sempre são aceitas e assimiladas de forma passiva. No entender de Estanque (2002, p. 18):

> A evolução tecnológica e a transformação social sempre permaneceram estreitamente vinculadas, sobretudo, porque os novos conhecimentos gerados pela sociedade visam satisfazer novos objetivos e exigências, sejam eles institucionais ou políticos, materiais ou simbólicos, individuais ou coletivos. Destinam-se a uma aplicação prática que preenche expectativas da sociedade e ao mesmo tempo gera efeitos transformadores das condições de vida das populações, induzindo recomposições mais ou menos profundas no plano macrossocial.

Dessa forma, da aplicação prática das tecnologias da informação e comunicação podem resultar em mudanças sociais de longo alcance que nos colocam perante questões básicas. Por exemplo, elas alteram a vida doméstica, influenciam modos de vida, afetam a essência da organização industrial, contribuem para alterações em certas dimensões do capitalismo e envolvem os governos no atual processo de informatização.

Reconhecendo as possíveis interpretações, projetos e interesses envolvidos no desenvolvimento e na proliferação das NTICs, neste trabalho, nossa opção é compreender a "sociedade da informação" como uma expressão que designa um determinado contexto e/ou processo de intensa inovação tecnológica, no qual as NTICs e, entre elas, a Internet podem proporcionar outras formas de acesso à informação e à comunicação. Embora cada vez mais integradas na atividade humana, não é um processo neutro nem homogêneo, visto que não chegam a todos os lugares nem a todas as pessoas da mesma forma, nem com os mesmos propósitos. As NTICs são também uma expressão indissociável dos processos de globalização econômica e do atual papel dos Estados nacionais, com profundos rebatimentos no mundo do trabalho e nas políticas sociais.

No capítulo seguinte, analisaremos as interfaces possíveis entre o direito à comunicação e às políticas sociais.

CAPÍTULO 2

POLÍTICAS SOCIAIS E POLÍTICAS DE INCLUSÃO DIGITAL

A relação entre Estado e sociedade está na base da compreensão da política social e da cidadania tendo como seu principal oposto e complemento a sociedade civil, com a qual estabelece relações de antagonismo e reciprocidade. Segundo Faleiros (2000, p. 43), as políticas sociais se referem, numa primeira aproximação, "ao processo de reprodução da força de trabalho através de serviços e benefícios financiados por fundos a eles destinados". Nesse sentido, as políticas sociais seriam um fenômeno associado à sociedade burguesa, sendo um modo específico do sistema capitalista de produzir-se e reproduzir-se.

Para Pereira (2008), as políticas sociais se identificam com os direitos sociais tendo em vista que eles têm como perspectiva a equidade e a justiça social, e permitem à sociedade exigir atitudes positivas e ativas do Estado para regular, prover ou garantir esses direitos. Uma das principais funções da política social seria então a garantia da concretização de direitos de cidadania conquistados pela sociedade e amparados pela lei. Mas, ao debater o conceito de necessidades humanas básicas em contraposição aos mínimos sociais, a mesma autora adverte que a cidadania é um processo dinâmico ao qual novas questões são incorporadas, como se observa na historicidade da conquista dos direitos em suas várias dimensões (PEREIRA, 2000).

Se a política social vincula-se a direitos sociais, o que entendemos pela expressão "direitos sociais"? Segundo Faleiros (1991, p. 19),

> nas sociedades capitalistas avançadas há um discurso dominante: o da igualdade. Trata-se da igualdade de oportunidades, ou seja, a garantia do acesso do cidadão a certos bens e serviços na qualidade de cidadão e que por isso é chamado de acesso universal, isto é, sem discriminação de barreiras raciais, partidárias, físicas e religiosas.

Os direitos sociais, portanto, seriam o mínimo oferecido a todos os cidadãos. Na medida em que tratamos de igualdade entre os cidadãos, estamos nos referindo à noção de cidadania, conceito incompreensível sem uma referência, ainda que breve, ao texto clássico de T.H. Marshall (1967): *Cidadania, classe social e status*.

Na perspectiva de Marshall (1967), a cidadania é essencialmente um conjunto de direitos que se podem subdividir em três blocos: os direitos civis, os direitos políticos e os direitos sociais. Os direitos civis são aqueles necessários à liberdade de ir e vir, liberdade de imprensa, pensamento e fé, o direito à propriedade, e de concluir contratos válidos, e o direito à justiça. Os direitos políticos são os de participar no exercício do poder político, como membro de um organismo investido de autoridade política ou como um eleitor dos membros de tal organismo. Já os direitos sociais vão desde o direito a um mínimo de bem-estar econômico e de segurança ao direito de participar por completo da herança social, de acordo com os padrões que prevalecem nas sociedades. As instituições responsáveis pela substantivação dos direitos sociais seriam os sistemas educacionais e os serviços sociais.

Ainda segundo Marshall (1967), os componentes do conceito moderno de cidadania teriam trilhado caminhos separados e diferentes no tempo. O século XVIII foi o século da constituição dos direitos civis; o século XIX, dos direitos políticos; e o XX, dos direitos sociais. Sua teoria da cidadania, embora tenha contribuído para dar visibilidade e importância à política social, tem sido alvo de diversas críticas. A primeira refere-se à sua linearidade quando trata do surgimento de cada tipo de direito como um processo evolutivo e sequencial, sem levar em conta os processos históricos concretos subjacentes à afirmação desses direitos.

Dessa forma, a política social é não somente o ordenamento jurídico ou as ações governamentais, mas um resultado de mediações complexas – socioeconômicas, políticas e culturais, e atores/forças sociais/classes sociais – que se movimentam e disputam hegemonia nas esferas estatal, pública e privada (FALEIROS apud BEHRING, 2000, p. 32).

De modo geral, para Andrade (2004), as políticas sociais são um fenômeno associado à constituição da sociedade burguesa, na qual o Estado é peça importante na resposta às demandas ocasionadas pelo reconhecimento da questão social, associado ao modo capitalista de produzir e reproduzir-se (PEREIRA, 1999, FALEIROS, 2000, BEHRING, 2000, ANDRADE, 2004).

Segundo Iamamoto (2007), a questão social não é senão:

> as expressões do processo de formação e desenvolvimento da classe operária e seu ingresso no cenário político da sociedade, exigindo o seu reconhecimento como classe por parte do Estado. É a manifestação, no cotidiano da vida social, da contradição entre o proletariado e a burguesia, a qual passa a exigir outros tipos de intervenção, mas além da caridade e da repressão.

Assim, a questão social passa a demandar políticas sociais, tornando-se o Estado um mediador de conflitos entre capital e trabalho. Por meio dessas políticas, o Estado passa a administrar as expressões da questão social, de forma fragmentada e parcializada, transformando a questão social em "problemas sociais".

No entender de Machado (1999, p. 3):

> a questão social é uma categoria que expressa a contradição fundamental do modo capitalista de produção. Contradição fundada na produção e apropriação da riqueza gerada socialmente, os trabalhadores produzem a riqueza, os capitalistas se apropriam dela. [...]. Neste terreno contraditório, entre a lógica do capital e a lógica do trabalho, a questão social representa não só as desigualdades, mas, também, o processo de resistência e luta dos trabalhadores.

Na tentativa de demonstrar que as políticas sociais não representam somente conquista da classe trabalhadora e nem somente uma concessão do Estado, e sim uma correlação de forças em determinadas condições objetivas, consideramos necessário resgatar o processo de construção das políticas sociais no Brasil. Para tanto, faremos um corte temporal iniciando nossa análise no momento da emergência do modo de produção capitalista e, portanto, da introdução da política social no Brasil, ou seja, a década de 1930.

A formação econômica do Brasil predominante até o fim do século XIX estava ancorada no modelo colonial-escravista, quando se instala uma crise desse modelo que propicia a revolução de 30 e a implantação de um novo modelo de desenvolvimento.

Do ponto de vista político, os descontentamentos existentes nos vários setores da classe média, sobretudo na ala mais jovem das forças armadas, cresciam de intensidade. Por outro lado, o êxodo da zona rural vinha fazendo crescer o operariado urbano que, em conjunto com operários de origem europeia, fazia irromper greves.

A crise delineou-se, portanto, como uma necessidade de ajustar o Estado às novas necessidades da política ou da economia, sublinhando a estrutura de poder político que criou e manteve a crise econômica.

A crise do poder oligárquico-escravista vai inaugurar um processo de transição que cria as bases para a concretização do poder burguês no país. Como explica Andrade (2004, p. 58), no Brasil, o capitalismo foi desenvolvido mediante uma revolução "[...] pactuada entre suas elites e apenas marginalmente inclusiva do ponto de vista da participação popular". Constituiu-se, por meio de um pacto populista, acordos antioligárquicos e industrialistas (sem maiores rupturas sociais ou políticas), característicos da Revolução de 30. Nesse período,

> [...] o movimento operário lutava pela conquista de direitos políticos e sociais, enquanto as camadas médias urbanas emergentes exigiam uma maior participação política nos aparelhos de poder. Essas pressões 'de baixo' (que não raramente assumiam a forma de um 'subversivismo esporádico, elementar, desorganizado') fizeram com que um setor da oligarquia agrária dominante, o setor mais ligado à produção para o mercado interno, se colocasse à frente da chamada Revolução de 1930 (COUTINHO, 1989, p. 123).

Desse modo, com o triunfo da Revolução de 1930, formou-se um novo bloco de poder em que a fração oligárquica ligada à agricultura de exportação foi colocada numa posição subalterna. O caráter elitista desse bloco de poder fazia com que setores populares permanecessem marginalizados (COUTINHO, 1989).

Há de se lembrar que, durante esse período, ocorria em âmbito mundial o fortalecimento das ideias keynesianas como forma de enfrentamento da crise de 1929. De acordo com Behring e Boschetti (2007), essas propostas repercutiram no país alterando as correlações de forças no interior das classes dominantes, culminando na Revolução de 1930. Mais que uma revolução burguesa, como defendem muitos autores, trata-se também de "um momento de inflexão no longo processo de constituição de relações sociais tipicamente capitalistas no Brasil" (BEHRING, BOSCHETTI, 2007, p. 105).

A partir de então, inicia-se o governo de Getúlio Vargas, que se prolongará até 1945. Durante esse período, haverá uma acelerada industrialização do país com o apoio da fração industrial da burguesia e da camada militar (COUTINHO, 1989). Esse processo de industrialização deveria ser feito mediante a ampliação do emprego para aumentar a produção, e a elevação do salário real para aumentar o consumo (ANDRADE, 2004; MONTAÑO, 2007).

Em contrapartida, cresciam as constantes greves dos trabalhadores nas fábricas, fortalecidas e incentivadas pelos movimentos reivindicatórios que ganhavam maior visibilidade através do protagonismo da esquerda política. Pois, a partir do crescimento do modo de produção capitalista, houve a consciência da exploração e o agravamento dos problemas sociais relacionados à acumulação do capital e suas múltiplas formas (BULLA, 2003).

Com isso, o Estado viu a necessidade de intervir tais conflitos e mobilizações, por meio de algumas concessões (FREDERICO, 2009). Dessa forma, na década de 1930, foi criada uma série de medidas de políticas sociais como forma de enfrentamento das múltiplas refrações da questão social. O objetivo do Estado era conseguir a adesão dos trabalhadores e uma "harmonia" nas relações de trabalho, de forma a favorecer o crescimento do capitalismo, possibilitado a partir da intervenção não só na política, mas também, e principalmente, nos setores da economia, do social e do cultural (BULLA, 2003).

Nesse aspecto, as políticas sociais não foram simplesmente produtos de uma ação autônoma e beneficente do Estado, mas resultados de demandas concretas da classe trabalhadora (BULLA, 2003). A questão social, ao longo da história, é tratada tanto por meio da repressão, como também por meio do reconhecimento formal de direitos políticos e sociais dos trabalhadores.

Durante o governo de Vargas, houve o reconhecimento da existência da pobreza e de outras sequelas da questão social. A pobreza passou a ser também um "caso" político a ser enfrentado e resolvido pelo Estado (BULLA, 2003). Entretanto, ainda haverá forte marca do autoritarismo e violência na tentativa de superação da luta de classes por meio da repressão e tortura aos movimentos sociais reivindicatórios que ameaçavam o ritmo da acumulação capitalista (SPOSATI, 2008).

Assim, durante esse período, o Estado regulamentou as condições de trabalho a partir do reconhecimento de uma série de direitos, posteriormente sistematizados na Consolidação das Leis do Trabalho (CLT) em 1943. Para Behring e Boschetti (2007), a CLT consistiu um avanço considerável na área dos direitos sociais. Entretanto, essas medidas foram contraditórias, pois, conforme Bulla (2003, p. 2):

> [...] o governo populista, ao mesmo tempo em que criava medidas de interesse da classe trabalhadora, adotava mecanismos de centralização político-administrativa que favoreciam o aumento da produção, dando condições para a expansão e acumulação capitalista (BULLA, 2003, p. 2).

Segundo Behring e Boschetti (2007), no Brasil, inicialmente, as políticas sociais basearam-se na "cidadania regulada", pois só tinham acesso à proteção social os trabalhadores com carteira de trabalho, com profissão e sindicato reconhecidos pelo Estado. Aqueles que não tinham a carteira de trabalho e/ou questionassem a ordem vigente eram tratados com violenta repressão estatal. Desenvolveu-se, portanto, no país, um padrão de política social subjugada à política econômica. Ou seja, somente os trabalhadores com carteira assinada eram "merecedores" das ações desenvolvidas pelo Estado. Essa triste realidade atravessou também o período democrático-populista

(1946-1964), a longa ditadura militar (1964-1984) e só foi modificado com a promulgação da Constituição Federativa de 1988.

Essa década marcou, portanto, o período de alterações no modo de atuação estatal quando, pela primeira vez na história, o Estado assume um caráter de intervenção nas relações sociais. Entre as medidas destacam-se:

> a instituição do salário mínimo, a jornada de 8 horas de trabalho, as férias remuneradas, a estabilidade no emprego, a indenização por dispensa sem justa causa, [...] a proteção do trabalho da mulher e do menor, a assistência à saúde, à maternidade, à infância e uma série de outros serviços assistenciais e educacionais (BULLA, 2003, p. 7).

O período de 1930 a 1943 pode ser caracterizado, dessa forma, conforme Behring e Boschetti (2007), como os anos de introdução da política social no Brasil, diferentemente dos países de capitalismo avançado, em que a política social foi implantada no final do século XIX e início do século XX.

Cabe destacar, entretanto, que os "ganhos" aqui incorporados nos direitos do trabalhador e da população em geral não ocorrem sem uma contrapartida de legitimação e consolidação da hegemonia capitalista industrial. Montaño (2007, p. 33), apropriando-se de Ianni (1985), afirma que a elite político-econômica desse período tem a necessidade de "fazer a revolução de cima para evitar que ela partisse de baixo, isto é, permitir ao país a ilusão de algumas pequenas coisas que o contentavam".

Desta feita, o primeiro governo de Getúlio Vargas representa a reafirmação da dominação do capital, uma vez que se observa uma nítida política industrialista que buscava absorver e controlar o proletariado urbano, bem como dissolver as organizações autônomas da população. Esse fato evidencia-se por meio da ação do Estado que se voltará para uma prática assistencial visando canalizar o potencial de mobilização dos trabalhadores urbanos, o que explica a criação de algumas instituições, como a CLT. São, nas palavras de Iamamoto e Carvalho (2007, p. 239), "respostas ao desenvolvimento real ou potencial das contradições geradas pelo aprofundamento do modo de produção que atinjam o equilíbrio das relações de força".

Ou seja, ao mesmo tempo em que o Estado intensifica sua ação coativa sobre a sociedade civil, ele cria mecanismos para atender as necessidades de uma parcela da população (exército ativo de trabalhadores), de modo que haja um enquadramento e relativa satisfação da classe trabalhadora a fim de não interromper o processo de industrialização. É, portanto, uma estratégia clara e minuciosamente delineada pelos setores dominantes a fim de garantir seus interesses.

Para Behring e Boschetti (2007, p. 109), com a queda de Getúlio "abriu-se um novo período no país, de intensas turbulências econômicas, políticas e sociais". O Brasil tornou-se um país mais urbanizado, com uma indústria de base significativa e com um movimento operário e popular "mais maduro e concentrado".

O período que se segue é marcado por uma forte disputa de projetos e pela intensificação da luta de classes no Brasil, o que implicou certa paralisia no campo da política social e na lentidão da expansão dos direitos (BERHING, BOSCHETTI, 2007). Segundo Mestriner (2008), durante esse período vai reconfigurar-se o padrão getulista de ação política, paternalista e protetor construído durante o Estado Novo.

No segundo governo de Vargas (1951-1954), o presidente vai manter o populismo para a legitimação do seu poder e a aprovação popular, sendo que a concessão de benefícios foi uma das formas de abrandamento das pressões dos trabalhadores. Assim, conforme aponta Mestriner (2008), o Estado assume o papel de grande ativador social, fortalecendo, pelo discurso ideológico, ainda mais a imagem do Estado-protetor, ao invés de efeitos repressivos pelos aparelhos do Estado característicos dos anos de 1937-1945.

Já o governo de Juscelino Kubitschek, conforme aponta Mestriner (2008), vai pautar sua proposta na conservação da ordem legal, na consolidação do regime democrático e na ideologia do desenvolvimentismo, onde o Estado passa a assumir o papel de protagonista das funções de regulação da economia, abarcando também o papel de produtor de mercadorias e serviços.

Esse desenvolvimentismo baseava-se em uma estratégia de abertura da economia do país para o investimento externo, bem como para o processo acelerado de industrialização, cuja principal expressão foi o Plano de Metas. A proposta era fazer o país crescer 50 anos em cinco por meio de grandes investimentos em cinco setores da economia brasileira priorizados por esse plano: energia, transporte, indústrias de base, alimentação e educação (BEHRING, BOSCHETTI, 2007; COUTO, 2008).

Nessas circunstâncias, Couto (2008, p. 110) considera que a questão social não representou uma preocupação central para o governo JK, visto que o seu Plano de Metas "apenas se referia à formação profissional como meta social a ser atingida, o que mostra que a grande preocupação se concentrava na área econômica". Mestriner (2008) e Raichelis (2007) complementam lembrando que esse período registra o crescimento contínuo do empobrecimento da classe trabalhadora e do povo em geral. Para o governo, o país solucionaria seus problemas sociais pelo desenvolvimento econômico. Daí a conclusão de que:

A falta de preocupação com o social, no período Kubitschek, advém da premissa de que o alcance do desenvolvimento, com base no planejamento, será tão amplo, eficiente e ágil que dará conta de todas as questões, até da melhoria de condições de vida das populações mais pobres (MESTRINER, 2008, p. 130).

O próximo presidente João Goulart pretendia instalar no Brasil uma reforma de base, propondo alterações constitucionais para efetivação de algumas reformas como agrária, bancária, tributária, administrativa e eleitoral. Segundo Mestriner (2008, p. 134-135), o projeto de João Goulart

> era vencer o subdesenvolvimento do país, combinando medidas anti-
> -inflacionais com as reformas. [...] Como dá amplo sentido às reformas estruturais, é considerado perigoso ao país pelos conservadores, que, para revidar suas teses, criam rapidamente inúmeras entidades e institutos de pesquisa para criticar seus planos e investir na sua queda.

De forma geral, a política social desses governos (1946-1964), sob o viés ideológico, priorizou a educação. O ensino até o segundo grau foi visto como direito de todos, e não só da elite, e deveria ser assumido pelo Estado, que incentivava as instâncias estaduais e municipais a abrirem escolas e vagas. O ensino técnico e profissionalizante passou a ser meta, sendo considerado importante para os setores da produção econômica em expansão no país.

A partir de 1964, inicia-se no Brasil o Estado militar autoritário sendo posta em marcha uma "contrarrevolução preventiva" com vistas a calar os amplos movimentos de libertação nacional e social (NETTO, 2009). O poder político, naquele momento de ditadura militar, ficou concentrado no Executivo Federal, que usou a ideologia da segurança nacional como justificativa para todas as medidas de força e arbitrariedade adotadas. Por meio de atos institucionais, ampliou-se de tal forma a capacidade de intervenção governamental que excluiu da luta política e das decisões econômicas e sociais os demais poderes, estados e municípios, a sociedade civil em geral e as classes subalternas. Os trabalhadores perdem todo o espaço de expressão, sendo impedidos de reivindicarem melhores condições de vida e trabalho (MESTRINER, 2008; NETTO, 2009).

O Estado volta-se estrategicamente para a consolidação no país da modernização conservadora, promovendo forte crescimento da economia por meio de intensa internacionalização e substituição de importações, desarticulando o movimento sindical e eliminando um conjunto de direitos sociais duramente conquistados pelos trabalhadores (RAICHELIS, 2007). Com a intenção da acumulação ampliada do capital, por meio da industrialização pesada, a ação do estado foi decisiva: investiu maciçamente em infraestrutura e nas indústrias de base. Assim, o estado autoritário se une fortemente às forças dominantes (MESTRINER, 2008; NETTO, 2009).

No contexto do desenvolvimento de uma modernização altamente excludente e concentradora, acirraram-se as desigualdades sociais. A contenção salarial acentuada e as medidas inflacionárias ainda mais implacáveis agravaram a pobreza relativa e absoluta da classe trabalhadora. Para atenuar tais problemas, as ações assistenciais foram utilizadas para amenizar tal empobrecimento da população (MESTRINER, 2008; RAICHELIS, 2007).

Nesse período, houve a expansão da cobertura da política social brasileira, conduzida, entretanto, de forma tecnocrática e conservadora. Ao mesmo tempo em que aconteceu a expansão dos direitos sociais, ocorreu a restrição dos direitos civis e políticos, retomando aspectos varguistas (BEHRING; BOSCHETTI, 2007).

Dentro desse contexto, é implantado o Plano Nacional de Desenvolvimento (PND) que visava elevar o Brasil à categoria de nação desenvolvida, duplicar a renda *per capta* brasileira e expandir o crescimento do PIB, buscando a transformação social, a estabilidade política e a segurança nacional. O chamado "milagre econômico" brasileiro acontece com a promessa de resolver o problema da má distribuição de renda mediante o desenvolvimento econômico. Entretanto, mais uma vez os frutos desse desenvolvimento não foram divididos com os trabalhadores. Isso elevou as desigualdades sociais a níveis intoleráveis, provocando séria pauperização da classe operária e agravando a questão social (MESTRINER, 2008).

Para Mestriner (2008) e Raichelis (2007), nesse contexto, as políticas sociais assumem o caráter de acumulação, combinando assistência e repressão. Consolida-se o Estado assistencial como compensação ao achatamento salarial, à situação de miséria que se dissemina no país e à forte repressão às manifestações dos trabalhadores (MESTRINER, 2008; RAICHELIS, 2007).

A partir de 1974, segundo Behring e Boschetti (2007), a ditadura começa a revelar sinais de esgotamento, possibilitando nos anos subsequentes o início da abertura política, marcado pelo avanço da reorganização da sociedade por meio dos movimentos sociais reivindicatórios. O processo de transição do regime conservador para o democrático evidencia-se condicionado não só por pressões protagonizadas pelo movimento de massa mas também pela crise do milagre econômico, que desacelerou o crescimento do país, elevando mais uma vez os níveis de inflação. O governo, a fim de equilibrar a economia, adota a medida de racionalizar as ações e reduzir o gasto social, revelando um empobrecimento da população jamais visto no país (BEHRING & BOSCHETTI, 2007).

O período compreendido entre os anos de 1985 a 1990 foi denominado de "Nova República". Foram nessas circunstâncias, contraditórias por sinal, que acontece a promulgação da Constituição de 1988, reconhecida como "Constituição Cidadã" – principal produto da primeira fase de redemocratização do país (MESTRINER, 2008).

Cabe destacar que tal Constituição expressa uma conquista dos cidadãos, alcançada mediante amplo processo de mobilizações sociais. Tais mobilizações foram ocasionadas devido às medidas econômicas adotadas em diferentes décadas e governos no país, que impactaram as condições de vida de grande parcela da classe trabalhadora, acentuando as desigualdades sociais. Dentre esses impactos, podem ser citados a expansão do desemprego estrutural, o agravamento da pobreza relativa e absoluta, bem como com a perda de capacidade de decisão nacional (RAICHELIS, 2007; SPOSATI, 2008; BEHRING & BOSCHETTI, 2007).

Tais impactos criaram condições políticas de rearticulação da sociedade civil, que passou a cobrar do Estado outros discursos e práticas no enfrentamento da questão social. Reapareceram, no cenário político, forças sociais que questionaram as medidas econômicas refletidas na crescente pauperização da população (SPOSATI, 2008).

Dessa forma, os movimentos sociais exerceram grande influência, por meio de embates políticos, norteando a configuração das políticas públicas. Conforme sustenta Mestriner (2008), os movimentos organizados acreditavam que a recuperação das liberdades e do Estado de direito seria possível a partir da construção de um novo texto constitucional que transformaria a realidade do país.

Entretanto, para Behring e Boschetti (2007, p. 141), o texto constitucional aprovado em 1988 "refletiu a disputa de hegemonia, contemplando avanços em alguns aspectos, a exemplo dos direitos sociais, com destaque para a seguridade social, os direitos humanos e políticos". Por isso, esse texto constitucional, apesar de manter traços conservadores, é chamado por alguns de Constituição Cidadã.

Ainda assim, a introdução da seguridade social na Carta Magna de 1988 significou um dos mais importantes avanços na política social brasileira, articulando políticas de previdência, saúde e assistência social, do mesmo modo que os direitos a elas vinculados como a ampliação da cobertura previdenciária aos trabalhadores rurais e do Benefício de Prestação Continuada (BPC) para idosos e pessoas com deficiência, sob inspiração beveridgiana (BEHRING & BOSCHETTI, 2007).

Até 1988, o acesso da previdência e da saúde era baseado na lógica do seguro, em que a proteção, às vezes exclusivamente e prioritariamente, se dava ao trabalhador e à sua família. Para Boschetti (2009, p. 3), é "um tipo de proteção limitada, que garante direitos apenas àquele trabalhador que está inserido no mercado de trabalho ou que contribui mensalmente como autônomo ou segurado especial à seguridade social".

Nessa lógica, os direitos da seguridade social são considerados como decorrentes do trabalho e destinam-se àqueles inseridos em relações formais e estáveis de trabalho, com duas características centrais. Primeiro são condicionados a uma contribuição prévia, ou seja, só têm acesso os que contribuem mensalmente. Segundo, o valor dos benefícios é proporcional à contribuição efetuada. Tal característica é básica para entender a previdência social no Brasil, que assegura aposentadorias, pensões, salário-família, auxílio doença e outros benefícios somente aos contribuintes e a seus familiares (BOSCHETTI, 2009).

Contextualizando, o Brasil passava nesse momento por um processo de consolidação da incipiente democracia brasileira. Ao mesmo tempo em que houve avanços relativos à Constituição Federal de 1988, ocorreu, lenta e gradualmente, um processo de reestruturação (ajuste) capitalista no país. Como resultado, inicia-se a reforma do Estado (uma verdadeira contrarreforma, um retrocesso histórico dos direitos adquiridos civis e trabalhistas), eliminando os aspectos "trabalhistas" e "sociais" já vindos do período varguista nos anos 1930-1960 (de desenvolvimento "industrial" e de constituição do "Estado social") e, particularmente, esvaziando as conquistas sociais contidas na Constituição Federal de 1988 (MONTAÑO, 2007). A crise econômica vivida no país foi conduzida por um Estado que não assumiu compromissos redistributivos e o "conceito retardatário, híbrido, distorcido ou inconcluso da seguridade social brasileira, conforme apontam importantes pesquisadores do tema, encontrou dificuldades antigas e novas ainda maiores para se consolidar" (BEHRING & BOSCHETTI, 2007, p. 158).

No Brasil dos anos 1980, deu-se o chamado esgotamento do Estado desenvolvimentista, com a crise financeira do Estado, decorrente do endividamento externo e interno. Tal processo, de acordo com Soares (2001), levou à perda do controle da moeda e de suas finanças por parte do Estado, o que debilitou também sua ação estruturante. A autora caracteriza o final do governo do presidente José Sarney (1985-1990) como a expressão máxima do esgotamento desse Estado desenvolvimentista, que culminou no processo de transição democrática, com a presença tanto de uma hegemonia conservadora como de movimentos sociais ativos.

Behring e Boschetti (2007) lembram que durante o governo de Sarney as propostas de reestruturação das políticas sociais, formuladas no âmbito dos grupos de trabalho criados no seu governo destinados a "repensar" as políticas de previdência, saúde, educação e assistência social, não foram implementadas. Salientam, entretanto, que suas contribuições foram acrescentadas ao processo de definição do conceito de seguridade social da Constituição de 1988 (BEHRING & BOSCHETTI, 2007).

No período seguinte, o que se observa é a utilização de uma política econômica com o objetivo de combater a inflação, sob justificativa de retomar o crescimento do país por meio da recessão. As propostas apresentadas estavam em consonância com outras propostas do projeto neoliberal, com a defesa de um Estado Mínimo, meramente subsidiário no plano econômico (MESTRINER, 2008; SOARES, 2001).

Uma dessas propostas foi a desregulamentação da economia, que previa a abolição da regulação do Estado sobre os preços da economia em geral e sobre a relação capital-trabalho. Tal regulação seria substituída pelo "livre jogo do mercado". Para Soares (2001), daqui derivam as teses de privatização das empresas estatais, o que contribuiria para a redução do setor público. Tais proposições se espalharam para além do setor produtivo, estendendo-se para a área social, como a saúde e a educação.

Nesse sentido, outra proposta incentivada no país foi a do estabelecimento de um estado mínimo capaz de cumprir algumas funções básicas como educação primária, saúde pública e criação e manutenção de uma infraestrutura essencial ao desenvolvimento econômico. Nesse conjunto de propostas no qual se baseava o governo Collor,

> [...] encontrava-se ainda a ideia de que, com a privatização e a redução do tamanho do Estado, de modo geral, se estaria reduzindo o Gasto Público, com o que se eliminaria o Déficit Público, os dois grandes causadores de quase todos os 'males', sobretudo, o da inflação. Nesse particular, presenciamos no governo Collor um 'festival' de medidas como a demissão de funcionários, venda de automóveis e mansões, entre outras do mesmo teor, que foram denominadas de 'Reforma Administrativa'. Evidentemente essas medidas, ao lado de outras de consequências mais graves, como a violenta redução do gasto social, não resultaram nem na eliminação do déficit público e muito menos na redução da inflação (SOARES, 2001, p. 155).

Outro elemento neoliberal desse governo foi a liberalização do comércio exterior, com intuito de tornar a economia brasileira mais "internacionalizada" e "moderna" para que as estruturas produtivas internas pudessem competir livremente no mercado internacional. A liberalização das importações, de insumos e de outros produtos a preços competitivos foi justificada como instrumento de aumento da competitividade interna, eliminando "distorções protecionistas e provocando a queda dos preços" (SOARES, 2001, p. 155).

No governo Collor não foram implementadas as mudanças prescritas na Constituição de 1988, acarretando evidentes retrocessos na área social. A política social no governo Collor foi totalmente distanciada dos princípios que ordenaram o capítulo dos direitos sociais da Constituição de 1988, aproximando-se de uma visão liberal, seletiva e focal das obrigações sociais do Estado. Para Soares (2001), Collor aumentou a fragmentação e as descoordenações institucional e burocrática na área social. A Previdência Social, a Saúde e a Assistência Social ficaram divididas em três ministérios (Trabalho, Saúde e Ação Social), em oposição ao conceito de Seguridade Social preconizado pela Constituição de 1988.

Não demorou muito para que se percebesse a incompatibilidade entre o preconizado na Constituição de 1988 para a área social e aquilo que o governo Collor defendia, de tal forma que foi encaminhada para o Congresso em 1991 uma emenda com vistas à Reforma Constitucional, em que se explicitava a adoção integral de uma estratégia social de tipo neoliberal. Nessa proposta, ficava estabelecido

> [...] o ensino pago; o fim da aposentadoria por tempo de serviço e a exclusividade da aposentadoria por idade; um sistema de previdência complementar para as rendas superiores a cinco salários mínimos; o incentivo à previdência complementar privada através de maior 'agilidade' para sua constituição e redução da 'interferência' governamental em sua gestão; e o fim da estabilidade no emprego público (SOARES, 2001, p. 215).

Tal proposta, com exceção do ensino pago, seria incluída na Revisão Constitucional encaminhada pelo governo de Fernando Henrique Cardoso. Por outro lado, ainda no governo Collor, a legislação complementar à Constituição na área da Seguridade Social – Leis Orgânicas da Saúde e Assistência Social, Lei de Custeio da Previdência Social, Lei complementar regulamentando o seguro-desemprego – aprovada pelo Congresso Nacional, sofreu restrições, modificações e vetos por parte desse governo.

Em 1993, Itamar Franco assume a presidência sob forte crise econômica, política e social. Segundo Gomes (2008), o presidente encontrou a área social totalmente desarticulada e sem recursos definidos para os programas sociais. Nesse período (1993-1995), o Ministério do Bem-Estar Social foi renomeado para Ministério da Ação Social, sem que isso, segundo a autora, trouxesse mudanças substanciais para o avanço da assistência social. Também em 1993, por efeito de ampla mobilização nacional, foi instalado o Conselho Nacional de Segurança Alimentar (CONSEA) com a atribuição de propor medidas de combate à fome e uma política de segurança alimentar no país.

O governo de FHC (1995-2002) deu continuidade às medidas neoliberais iniciadas durante o governo Collor de Melo. Com Luís Carlos Bresser Pereira como titular do Ministério da Administração Federal e Reforma do Estado (Mare), tem início a contrarreforma do Estado. Bresser foi considerado o responsável pela crise econômica brasileira e a abertura financeira e comercial da economia, sob os pressupostos da soberania do mercado (BEHRING, 2008; MONTAÑO, p. 38).

Outra justificativa utilizada em defesa dos pressupostos neoliberais no país foi a própria Constituição de 1988. Bresser Pereira caracterizou-a como um retrocesso em relação à administração pública, um retorno ao patrimonialismo, à burocratização, à ineficiência da atividade social estatal e uma crise de governança. Como resposta a essa situação, o governo FHC propõe uma Reforma Gerencial voltada para a ideia do cidadão-cliente e para a democracia, com o objetivo de dotar o Estado de mais governabilidade e governança e garantir condições cada vez mais democráticas de governá-lo, torná-lo mais eficiente, de forma a atender às demandas dos cidadãos com melhor qualidade e a um custo menor (ANDRADE, 2004; MONTAÑO, 2007).

Para Montaño (2007, p. 40), trata-se de "pura retórica autojustificadora". Analisando criticamente o que é proposto, percebe-se o claro privilégio e favorecimento que a reforma do Estado faz ao grande capital, pois:

> O argumento dado oficialmente para justificar essa 'retirada' do Estado do controle econômico de esferas estratégicas da produção/comercialização, da 'desresponsabilização' estatal das respostas às refrações da 'questão social' – diminuindo os fundos públicos para o financiamento de políticas e serviços sociais e assistenciais e privatizando-os –, não foi precisamente o da sua participação com um novo projeto de desenvolvimento exigido pelo grande capital (financeiro/internacional), mediante os postulados do Consenso de Washington. O argumento (ideológico) foi o contrário: não se mostrou o novo projeto (econômico-político) como causa da contrarreforma do Estado; apontou-se a burocracia, ineficiência e corrupção do Estado como as supostas causas para sua reforma. Assim, se o 'culpado' é o Estado burocrático, a sua reforma seria aceita e proclamada! Se a responsável pela inoperância do Estado é a Constituição de 1988, sua reforma se tornaria necessária e impostergável! (MONTAÑO, 2007, p. 41).

No momento em que se tece, a partir da Constituição de 1988, certo projeto de Estado de Bem-Estar Social, os setores ligados ao grande capital tentam liquidá-lo mediante uma reforma gerencial – uma contrarreforma (MONTAÑO, 2007). Para o autor, essa reforma não se orienta para o desenvolvimento da democracia e cidadania ou para o melhor atendimento à população, mas surge das medidas determinadas pelo chamado Consenso de Washington e das ideias do FMI. Com isso, a Reforma Gerencial, estabelecida e promovida por Bresser, seguiu o Plano Diretor da Reforma do Aparelho do Estado. Nesse Plano, conforme Behring (2008, p. 177), Fernando Henrique Cardoso

> reitera os argumentos de que a crise brasileira da última década foi uma crise do Estado, que se desviou de suas funções básicas, do que decorre a deteriorização dos serviços públicos, mais o agravamento da crise fiscal e da inflação. Trata-se para ele, de fortalecer a ação reguladora do Estado numa economia de mercado, especialmente os serviços básicos e de cunho social [...].

Com as propostas do projeto neoliberal, o Brasil se insere num programa de reforma administrativa, readequando a Constituição às necessidades do grande capital, aos ditames do FMI, Banco Mundial, Organização Mundial do Comércio – OMC e aos postulados do Consenso de Washington. Tais propostas também vão caracterizar a política econômica do governo FHC, com a abertura do mercado brasileiro ao capital internacional, articulada à reforma do Estado (MONTAÑO, 2007).

Com isso, como um dos mecanismos para dar maior eficiência e governança ao aparelho estatal, Bresser propõe o Programa de Publicização com o fim de transformar os serviços não exclusivos do Estado em propriedade pública não estatal e como organização social (ANDRADE, 2004; MONTAÑO, 2007).

Esse programa se expressou na criação das agências executivas e das organizações sociais, bem como na regulamentação do terceiro setor para a execução de políticas públicas. A partir dos mecanismos legais, deu-se a instituição do Termo de Parceria com Organizações Não Governamentais (ONGs) e Instituições Filantrópicas para a implementação das políticas (BEHRING & BOSCHETTI, 2007). Outro elemento presente no programa foi a separação entre formulação e execução das políticas, de modo que o núcleo duro do Estado as formularia e as agências autônomas as implementariam (BEHRING, BOSCHETTI, 2007, p. 154).

Behring (2008, p. 65) reforça essa ideia ao afirmar que, para a política social, a grande orientação com o neoliberalismo é a focalização das ações, com estímulo a fundos sociais de emergência e à mobilização da solidariedade individual e voluntária, bem como das organizações filantrópicas e organizações não-governamentais prestadoras de serviços de atendimento, no âmbito da sociedade civil. O que para a autora, também caracteriza uma:

> [...] emersão de uma espécie de clientelismo (pós) moderno ou neocorporativismo, onde a sociedade civil é domesticada – sobretudo seus impulsos mais críticos – por meio da distribuição e disputa dos parcos recursos públicos para ações focalizadas ou da seleção de projetos sociais e pelas agências multilaterais.

Em síntese, o projeto político de contrarreforma do Estado do governo FHC teve como elementos fundantes: a estabilização da moeda, a privatização das empresas estatais, a redução do papel regulador do Estado, o saneamento da dívida pública, a desregulamentação do mercado de trabalho e a minimização das políticas sociais, mediante corte na área social (RAICHELIS, 2007). Dessa forma, conforme Andrade (2004) e Montaño (2007), o Estado mais uma vez tende a desamparar a classe trabalhadora, rompendo com os compromissos de classe e iniciando um estágio em que se retorna à história republicana, quando a questão social era tratada como "caso de polícia".

Assiste-se, pois, à transformação de serviços como saúde, educação, assistência social como "direito do cidadão e dever do Estado", em serviços atrelados à competitividade do mercado, desconstitucionalizando os direitos sociais propostos na Constituição de 1988. Nesse terreno também se inserem as entidades de vários tipos, o "voluntariado", enfim, o "terceiro setor", como fenômeno promovido pelos governos neoliberais.

Em 2002, com a eleição do presidente Luís Inácio Lula da Silva – Lula (2003-2010), não houve uma mudança significativa na política econômica adotada pelo país. Em contrapartida, verificou-se, durante seus dois mandatos, a continuidade do projeto neoliberal, conservando as bases do governo FHC (ALVES, 2007). Para alguns autores, os programas sociais desse governo, como o Programa Bolsa Família e o Programa Fome Zero constituem-se como políticas compensatórias, criadas e implementadas no sentido de minimizar as sequelas negativas da política econômica, sem, contudo, reverter tal processo (ALVES, 2007 apud LESBAUPIN, 2003).

Vimos, dessa forma, que, apesar dos avanços, foram também inscritas no texto constitucional, produto de uma correlação de forças desfavoráveis, orientações que deram sustentação ao conservantismo no campo da política social. Exemplo disso é a contraditória convivência entre universalidade e seletividade, bem como o suporte legal ao setor privado, em que pese a caracterização de dever do Estado para algumas políticas (BEHRING & BOSCHETTI, 2007, p. 145).

A tendência tem sido transformar as políticas sociais em ações pontuais e compensatórias, cabendo às mesmas as privatizações, focalizações e descentralizações. Essa última sendo estabelecida

> não como partilhamento de poder entre esferas públicas, mas como mera transferência de responsabilidades para entes da federação ou para instituições privadas e novas modalidades jurídico-institucionais correlatas, componente fundamental da 'reforma' e das orientações dos organismos internacionais para a proteção social (BENHRING & BOSCHETTI, 2007, p. 156).

2.1 Direito à comunicação: a luta pelo reconhecimento de um novo direito

Embora os direitos sociais estejam sendo alvo de um processo de redução, na dinamicidade do movimento de construção dos direitos da cidadania, contemporaneamente, tem-se debatido de forma intensa o que vem sendo chamado de direitos de 4ª geração. Mas o que entendemos como direitos de 4ª geração?

Os direitos de 4ª geração, também conhecidos como direitos da vida, da humanidade ou de 4ª dimensão, são aqueles que têm como características a transindividualidade e a indivisibilidade. São transindividuais porque só podem ser exigidos em ações coletivas e não individuais, pois o seu exercício está condicionado à existência de um grupo determinado ou indeterminado de pessoas; são indivisíveis porque não podem ser fracionados entre os titulares (SARMENTO, s/d, p. 9).

Entre esses direitos estão a preservação do patrimônio genético, a não exploração comercial do genoma humano, a preservação dos organismos naturais, a não privatização de plantas e organismos vivos, a regulação da transgenia, o livre acesso às tecnologias da informação, o sigilo do conteúdo de bancos de dados, a privacidade frente aos sistemas eletrônicos e de vigilância, a preservação das crianças, a ameaça da pedofilia na Internet, entre uma série infinita de novas realidades já surgidas ou que permanecem no terreno infinito do possível, ao menos nesse momento (LENZA, 2004, p. 408).

Nessa mesma linha, fala-se hoje no direito à comunicação. Como a maioria dos direitos que compõem a 4ª geração, esse grupo está muito longe de ser reconhecido como tal. Segundo Ramos (2005), tradicionalmente esse tema tem sido tratado como direito ao acesso à informação ou como direito à liberdade de informação. Entretanto, segundo o mesmo autor, o direito à informação torna-se limitado e restritivo quando confrontado com o direito de comunicar. Também para Peruzzo (2005, p. 278):

> Tal concepção vem sendo renovada ao incluir a dimensão do direito á comunicação enquanto acesso ao poder de comunicar. As liberdades de informação e de expressão postas em questão na atualidade não dizem respeito apenas ao acesso da pessoa à informação, como receptor, nem apenas no direito de expressar-se por 'quaisquer meios' – o que soa vago, mas de assegurar o direito de acesso do cidadão e de suas organizações coletivas aos meios de comunicação social na condição de emissores – produtores e difusores – de conteúdos. Trata-se, pois de democratizar o poder de comunicar.

Falar em direito à comunicação significa, portanto, tratá-la como um dos elementos constitutivos de uma democracia.

Segundo Rabelo (2010, p. 6),

> Debates, estudos e propostas que estabelecem a relação entre comunicação e democracia não são novidade. Em 1980, a Organização das Nações Unidas para a Educação, Ciência e Cultura (Unesco) lançou o documento *Um mundo e muitas vozes – comunicação e informação na nossa época*. A partir de uma ampla análise sobre os sistemas de comunicação de vários países, a comissão presidida por Sean MacBride propôs uma Nova Ordem Mundial de Informação (Nomic), provocando fortes reações nos países desenvolvidos.

Segundo Alegre e O'Siochru (2005), em um contexto de fortalecimento das mídias e das comunicações com um papel emergente, muitos países passaram a se preocupar seriamente com o seu impacto sobre a identidade nacional, a integridade cultural e a soberania política e econômica. Não se trata de um debate novo, envolvendo a relação entre comunicação e democracia. Liderada pelo Movimento dos Países Não Alinhados a partir da segunda metade do século XX, que contestavam as relações entre o Norte e o Sul, a Nomic tinha como princípios:

1. contestar a doutrina de fluxo livre da informação, que estava reforçando o domínio da mídia ocidental e de conteúdos de notícias incrementando as políticas nacionais de comunicação;
2. questionar a concentração crescente dos setores de mídia e comunicações, que se traduzia em mais propriedade estrangeira da mídia em países menores e mais pobres e
3. ressaltar a importância crescente do fato de que era difícil para os outros países acompanharem as tecnologias controladas pelo ocidente para a produção e disseminação de mídia (ALEGRE & O'SIOCHRU, 2005, s/p).

Segundo o mesmo autor, o documento é, até hoje, o mais completo já produzido sobre a importância da comunicação na contemporaneidade. Entretanto, o mesmo "não resistiu ao cerco imposto pelos Estados Unidos e Inglaterra, que, no início da década de 1980, comandaram a retirada dos seus países da UNESCO" (RAMOS, 2005, p. 246).

Para os governantes desses dois países (Ronald Regan e Margaret Tatcher) que abraçaram o pensamento neoliberal como plataforma de governo, era absurdo pensar a comunicação na ótica das políticas nacionais (RAMOS, 2005, p. 246). Segundo eles, os países menos desenvolvidos estavam tentando impor o controle da mídia e suprimir a liberdade de imprensa (ALEGRE E O'SIOCHRU, 2005, s/p). Conforme Ramos (2005, p. 247), mais absurdo era para esses governantes pensar a comunicação como:

> Um direito mais amplo do que o consagrado, mas restritivo, direito à informação, do qual beneficiava-se fundamentalmente a imprensa, enquanto instituição, e seus proprietários privados, como agentes privilegiados de projeção de poder sobre as sociedades.

Esse debate ganha outra vez dimensão mundial com a realização em Genebra, no período de 10 a 12 de dezembro de 2003, da primeira reunião de Cúpula Mundial sobre a Sociedade da Informação (CMSI). Tendo como um dos objetivos discutir e traçar planos de ação sobre as políticas para a administração global das tecnologias de informação e comunicação (TICs) e inclusão digital, teve como participantes os representantes dos governos e de grandes empresas.

A Carta CRIS, formulada pela campanha e assinada por seus participantes, lança quatro bases ou pilares, que devem guiar a construção de uma sociedade da informação justa e participativa: o fortalecimento de espaços públicos democráticos; uma gestão do conhecimento que privilegie o público e o desenvolvimento; a garantia de direitos e liberdades civis; a garantia de acesso amplo e barato às novas tecnologias.

O Projeto de Governança Global propôs para esse debate referências teóricas mediante um quadro genérico de referência do Direito à Comunicação. Trata-se de uma tabela básica que classifica esse direito em quatro pilares, que se ramificam em 19 atributos, detalhados em 61 indicadores (expostos no Quadro 1).

Quadro 1 - Quadro de referência do direito à comunicação

Pilar A – A criação de espaços para ambientes democráticos: a esfera pública
- Liberdade de expressão, inclusive atmosfera de abertura e o direito a criticar os que estão no poder. - Liberdade de imprensa e mídia inclusive para jornalistas realizarem seu trabalho e as responsabilidades relacionadas. - Acesso e pronta disponibilidade de informações públicas e governamentais, especialmente em relação ao desenvolvimento e à implementação de políticas de interesse público. - Acesso a informações empresariais, de modo abrangente e rápido, quando de interesse público. - Diversidade, pluralidade e acesso a mídias e conteúdos, assegurando um amplo espectro de visões de todos os setores, inclusive minorias e grupos marginalizados com justa representação de gênero e minorias. - Participação efetiva por parte de todos os elementos da sociedade na preparação, implementação e avaliação de políticas das estruturas e políticas de governança da mídia.
Pilar B – Retomando o uso do conhecimento e domínio público
- Regime equilibrado (com medidas práticas) de partilha do conhecimento, gerado por empresas, canais e setores de comunicação, disponível para todos de modo igualitário e acessível financeiramente, que encoraje a criatividade de forma mais ampla e possível. - Todos os trabalhos financiados e produzidos de forma pública tornam-se de domínio público. - Participação da sociedade civil no processo de governança (formulação, regulação, implementação, supervisão) e apoio à participação em nível internacional.
Pilar C: Liberdade civil e direitos políticos na Sociedade da Informação
- Privacidade de informação e proteção de dados, atendendo ao direito de saber, acessar, corrigir e controlar o uso de toda a informação pessoal mantida em forma digital por outrem. - Direito à privacidade na comunicação – essencial para o desenvolvimento humano autodeterminado. - Direito de transmitir informação eletrônica sem censura ou controle por parte dos agentes do Estado, judiciais, empregadores ou outrem. - Liberdade de associação no meio eletrônico, para participar de debates públicos *on-line*. - Participação da sociedade civil no processo de governança (formulação, regulação, implementação, supervisão).
Pilar D: Assegurando o acesso equitativo e a preços razoáveis a TICs
- Acesso a TICs, inclusive telefone, internet, de modo econômico, igualitário e apropriado para todo o povo e suas comunidades. - Disponibilidade de conteúdo relevante para todas as comunidades linguísticas e grupos marginalizados. - Competências e habilidades que permitam às comunidades fazerem uso das TICs para atingir seus objetivos individuais e coletivos. - Participação da sociedade civil no processo de governança (formulação, regulação, implementação, supervisão).

Fonte: Direito à Comunicação no Brasil – Base constitucional e legal, implementação, o papel dos diferentes atores e tendências atuais e futuras. Intervozes – Coletivo Brasil de Comunicação Social. Junho de 2005 (3ª versão)

Embora a campanha CRIS reivindicasse um amplo grupo de direitos que só podem ser considerados em conjunto, para este trabalho nos limitaremos somente à análise do debate sobre o direito à informação e à comunicação. No que se refere a esse aspecto, a campanha não se limitou apenas a propor a inclusão dos cidadãos à Internet, mas "aos direitos de domínio público, *software* livre e de propriedade intelectual, e ao acesso global a todas as tecnologias de informação e comunicação, incluindo menção específica aos meios comunitários" (PERUZZO, 2005, p. 276).

Nesse aspecto, para a CRIS, incluir digitalmente não é uma simples questão que se resolve oferecendo computadores para a população de baixa renda, desenvolver habilidades no uso deste ou daquele *software* e a disponibilizar pontos de acesso à Internet. Isto é, o acesso à infraestrutura tecnológica é apenas um dos fatores, mas não é o único, nem o mais relevante. A inclusão digital vai muito além da alfabetização digital. Pressupõe, sem dúvida, os itens supracitados, ainda que os transcendam; sendo necessário mais do que uma simples alfabetização, um letramento digital aqui entendido como "a habilidade de construir sentido, capacidade para localizar, filtrar e avaliar criticamente a informação eletrônica, estando essa em palavras, elementos pictóricos, sonoros ou qualquer outro" (SILVA et al., 2005).

No Brasil, desde 1997, existem iniciativas desse tipo desenvolvidas pelo Governo Federal, sendo a primeira o Programa Nacional de Informática na Educação (PROINFO). Atualmente, além do PROINFO e das iniciativas em funcionamento, podemos citar o Governo Eletrônico Serviço de Atendimento ao Cidadão (GESAC), Maré – Telecentros de Pesca, Telecentros de Informação e Negócios (TIN), Computadores para a Inclusão, Kits Telecentros, Centros Vocacionais Tecnológicos (CVT), Pontos de Cultura, Quiosque do Cidadão, Territórios Digitais, Estação Digital, Centros de Inclusão Digital, Espaço SERPRO Cidadão e Observatório Nacional da Inclusão Digital (ONID). As características dessas diferentes iniciativas serão abordadas no capítulo 3.

Tais programas e projetos, convencionalmente denominados de "inclusão digital", têm como pressuposto a existência de excluídos digitais, caracterizados pela distribuição desigual do acesso a computadores e internet. Assim, os programas de inclusão digital acabam por estabelecer uma relação direta com a própria inclusão social, ganhando forte apelo argumentativo e, de certa forma, apresentando-se como políticas sociais. Advém daí a percepção de sua estreita ligação com a ideia de "democracia" e "cidadania", na qual a inclusão digital repousaria sobre o pressuposto ético da igualdade (CAZELOTO, 2008). Nesse sentido, o não acesso às NTICs representaria um problema social concreto, identificável inclusive pelo uso de indicadores matematizados o que, no senso comum, confere ao tema validade científica.

O quadro revela-se mais complexo e desafiador à medida que identificamos que inclusão digital e inclusão social têm sido tratadas quase como sinônimos pelas políticas e programas públicos desenvolvidos nessa área.

Essa é a perspectiva, por exemplo, de Assumpção (2001), ao defender que "é preciso tratar a inclusão digital como inclusão social, como inclusão na sociedade do conhecimento". Nesse mesmo sentido, Warschauer (2006) propõe a utilização da expressão tecnologia para a inclusão, usando como argumento que o objetivo da utilização das NTICs com grupos marginalizados não é a superação da exclusão digital, mas a promoção de um processo de inclusão social.

Como veremos, tal relação entre política de inclusão digital e política social fica mais explícita ao se observar o público-alvo e os objetivos recorrentes dos programas e políticas de inclusão digital, possibilitando-nos, pois, pensar nos programas de inclusão digital como elementos constitutivos da política social contemporânea.

CAPÍTULO 3
A POLÍTICA DE INCLUSÃO DIGITAL NO BRASIL

Ao longo do século XX, a economia brasileira alternou momentos de expansão com momentos de retração ou estagnação da atividade econômica, mas sempre esses movimentos cíclicos da economia brasileira vieram acompanhados de deterioração do perfil de distribuição de renda e de riqueza na sociedade brasileira. Outra marca da economia brasileira é a sua acentuada concentração regional da renda. A despeito de ter ocorrido, ao longo dos anos 1970 e 1980, uma diminuição da concentração regional da renda (MATTOS, 1996), a economia brasileira ainda é marcada por elevado grau de desigualdade regional, e pode-se perceber que mais de 50% da renda nacional concentra-se nos três estados mais ricos da federação. Interessante notar que a contribuição percentual de cada estado do país para o seleto grupo dos chamados "incluídos digitais" do Brasil reflete quase identicamente a contribuição de cada estado para a renda nacional. Tal "coincidência" sugere que, na verdade, a inclusão digital referenda e repete o grau de desigualdade regional e pessoal da renda no Brasil. Segundo Mattos e Chagas (2008, p. 75),

> é nesse cenário socioeconômico que surgem as NTICs e que se amplia o seu uso. A despeito da tênue melhoria do perfil distributivo brasileiro nos anos mais recentes, a gravidade e o caráter estrutural dos problemas sociais no país ainda se colocam com a mesma gravidade que se colocavam no início e meados dos anos 1990, quando surgiram as NTICs no Brasil.

Conforme vimos na introdução deste trabalho, os programas de inclusão digital desenvolvidos no Brasil caracterizam-se pela variedade de abordagens da questão. Há desde iniciativas diretas do Governo Federal, sediadas em batalhões militares em plena selva amazônica, até computadores instalados em lanchonetes da rede McDonald's, no interior de *shopping centers* nas principais capitais do país. A lista dos apoiadores de cada programa também é eclética, apontando parcerias entre grandes empresas (como a IBM e a Coca-Cola), instituições da sociedade civil, universidades e os três níveis de governo.

No entanto, a existência de um grande número de programas não significa que o problema da inclusão digital possua uma política clara e que esteja sendo tratado da forma mais eficaz. Não são poucos os problemas gerados pela pulverização das iniciativas e pela falta de políticas públicas consistentes para o setor. Dentre os considerados mais graves, podemos citar: a superposição de clientelas, com um grande número de pontos de atendimento centralizados na região Sudeste; a fiscalização ineficiente, que acarreta desvios nos recursos investidos no decorrer do processo (tanto na sua criação quanto na manutenção); a descontinuidade nos programas; e, principalmente, a insignificante quantidade de usuários atendidos.

As parcerias com ONGs financiadas pelo capital internacional e com empresas privadas em parte significativa das iniciativas de inclusão digital também acabam por fazer prevalecer os interesses de frações de classes que necessitam de determinado tipo de mão de obra qualificada, seja para compor seus quadros, seja para alimentar o exército de reserva.

A falta de unidade e coordenação nas políticas públicas de inclusão digital praticadas no Brasil assume caráter mais grave quando se observa o efeito que a transferência de responsabilidade sobre a questão para os Estados e Municípios acarreta, tais como as distorções dos programas entre regiões, Estados e municípios, a descontinuidade dos programas e suas variadas formas de implantação.

Desse modo, nos propomos neste capítulo a desenvolver um debate sobre a questão, analisando como vem sendo montada a agenda da inclusão digital no Brasil. Segundo Silveira (2003), em geral, podem-se observar três focos distintos nos discursos e nas propostas de inclusão. O primeiro trabalha a inclusão digital voltada à ampliação da cidadania, buscando o discurso do direito de interagir e do direito de se comunicar através das redes informacionais. O segundo focaliza o combate à exclusão digital como elemento voltado à inserção das camadas pauperizadas no mercado de trabalho na era da informação. Assim, o foco da inclusão tem o seu epicentro na profissionalização e na capacitação. O terceiro foco, mais voltado à educação, reivindica a importância da formação sociocultural dos jovens na sua orientação diante do dilúvio informacional, no fomento de uma inteligência coletiva capaz de assegurar a inserção autônoma do país na sociedade da informação.

Dantas (2002) afirma que os aspectos cognitivos e socioculturais estão distribuídos e são atribuídos de maneiras muito diferentes em cada contexto geográfico. Para o autor, é extremamente perigoso considerar que o uso e o acesso à inclusão digital ocorre de forma linear e num ritmo igual ou semelhante nos mais diversos países, regiões e comunidades.

Para exemplificar o que queremos dizer com a afirmação acima, tomaremos como base os dados da *Internet World Stats* (Estatísticas Mundiais sobre o uso da Internet) referentes ao número de usuários da Internet no mundo, nas regiões do mundo e no Brasil.

Utilizaremos a Tabela 1 para clarificar esses dados. Segundo a mesma fonte, para uma população estimada em 2009 de 6.767.805.208 habitantes, existem 1.802.330.457 usuários de Internet no mundo, o que corresponde a 26,6% da população mundial.

Tabela 1 - Usuários da Internet no Mundo

Regiões do Mundo	População (2009)	Usuários de Internet (31 dez. 2000)	Usuários de Internet (2009)	Penetração (% da população)	Crescimento 2000-2009	% de usuários
África	991.002.342	4.514.400	86.217.900	8,7%	1.809.8%	4,8%
Ásia	3.808.070.503	114.304.000	764.435.900	20,1%	568,8%	42,4%
Europa	803.850.858	105.096.093	425.773.571	53,0%	305,1%	23,6%
Oriente Médio	202.687.005	3.284.800	58.309.546	28,8%	1.675.1%	3,2%
América do Norte	340.831.831	108.096.800	259.561.000	76,2%	140,1%	14,4%
América Latina / Caribe	586.662.468	18.068.919	186.922.050	31,9%	934,5%	10,4%
Oceania / Austrália	34.700.201	7.620.480	21.110.490	60,8%	177,0%	1,2%
MUNDO TOTAL	6.767.805.208	360.985.492	1.802.330.457	26,6%	399,3%	100,0%

Fonte: *Internet World Stats*, 2010 (Estatísticas Mundiais sobre o uso da Internet)

Apresentamos no Gráfico 1, a representação da distribuição dos usuários da Internet no mundo, o que reflete com maior clareza as desigualdades gritantes no que tange ao acesso à Internet entre as suas diversas regiões, mostrando a dificuldade de falarmos de uma sociedade global ou mundial da informação em decorrência de barreiras econômicas, políticas, sociais, geográficas e culturais existentes.

Gráfico 1 – Usuários de Internet no Mundo

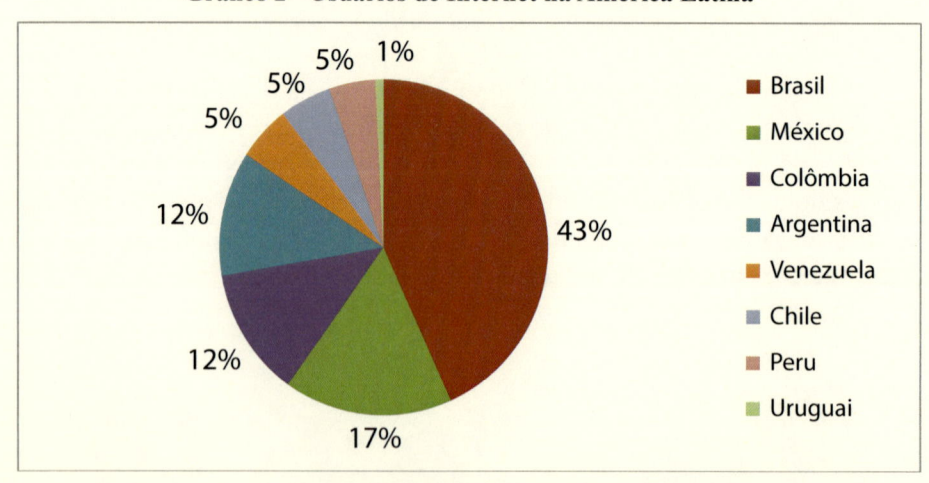

Região	Usuários
Ásia	~760000
Europa	~420000
América do Norte	~260000
América Latina e Caribe	~185000
África	~85000
Oriente Médio	~55000
Austrália e Oceania	~15000

Fonte: *Internet World Stats*, 2010 (Estatísticas Mundiais sobre o uso da Internet)

Os dados do Gráfico 2, referentes a usuários de Internet na América Latina, demonstram que, nessa região, 186.922.050 habitantes são usuários de Internet, o que correspondente a 10,4% destes usuários existentes no mundo. Do total de usuários da América Latina, o Brasil, em particular, possui 72.027.700 habitantes. Ou seja, em torno de 43% dos usuários dessa região, estando na 1ª posição na quantidade de usuários de Internet na América Latina.

Gráfico 2 - Usuários de Internet na América Latina

- Brasil: 43%
- México: 17%
- Colômbia: 12%
- Argentina: 12%
- Venezuela: 5%
- Chile: 5%
- Peru: 5%
- Uruguai: 1%

Fonte: *Internet World Stats*, 2010 (Estatísticas Mundiais sobre o uso da Internet)

Antes de analisar os dados referentes à pesquisa realizada no Brasil em 2009 pelo CGI, em sua pesquisa TIC Domicílios, importante se faz apontar que a desigualdade de uso não acontece somente entre as diferentes regiões do mundo, mas também ocorre de forma ainda mais forte dentro dessas regiões. Apenas para ilustrar, daremos dois exemplos em relação à tabela 1. Na América do Norte, os usuários dos Estados Unidos representam mais de 90% do total da região, enquanto no Oriente Médio apenas os iranianos detém 55% dos usuários da Internet da região.

Em termos de Brasil, o Comitê Gestor da Internet (CGI) registrou que, em 2009, 36% dos domicílios urbanos possuíam computador, exibindo um aumento de 8% em relação ao ano anterior. O acesso à Internet aumentou significativamente com um percentual de crescimento na faixa de 35% entre 2008 e 2009. Segundo a pesquisa realizada pelo CGI em 2008, constatou-se que 20% dos domicílios acessavam a rede mundial de computadores, e essa porcentagem aumentou para 27% das suas residências em 2009.

Do ponto de vista regional, o Nordeste, além de apresentar um desempenho abaixo da média nacional, apresenta as menores taxas de crescimento, o que pressupõe um possível crescimento das desigualdades digitais no país ao longo dos próximos anos. As regiões mais desfavorecidas economicamente, Norte e Nordeste, têm as proporções mais baixas de domicílios com acesso à Internet, ambas com 13%, enquanto as regiões Sudeste, com 35%, Sul, com 32%; e Centro-Oeste, com 28% dos domicílios ligados à rede, possui penetração acima da média nacional de 27%.

No gráfico 3, poderemos constatar a situação dos domicílios brasileiros, agrupados por regiões, com acesso à Internet no ano de 2009.

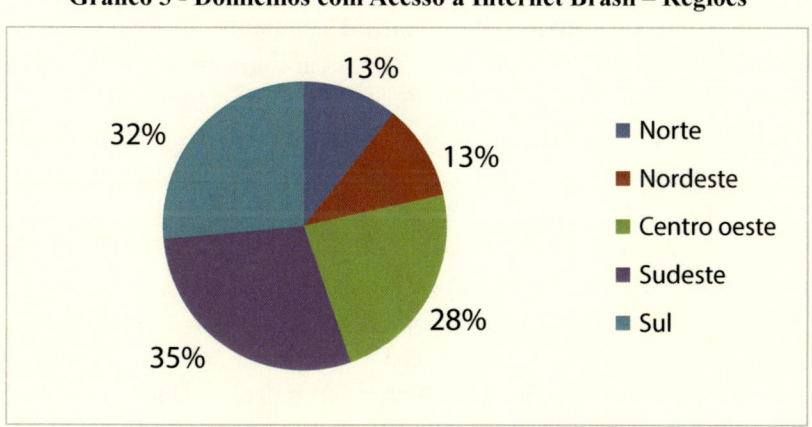

Gráfico 3 - Domicílios com Acesso à Internet Brasil – Regiões

Fonte: Comitê Gestor da Internet no Brasil, 2010 (CGI.Br)

Apesar da baixa penetração de domicílios com Internet, a região Norte apresenta a maior taxa média de crescimento do acesso à rede nesses locais, 25%, ao passo que esse crescimento não chega a 15% no Nordeste. Na região Sudeste, o crescimento no período de 2005 a 2009 foi de 22%; no Sul, 21%; e no Centro-Oeste, 20%.

A despeito dessa constatação, no Gráfico 4 veremos que a região com a melhor taxa média de crescimento foi a região Norte, seguida da região Sudeste.

Gráfico 4 - Taxa média de crescimento do acesso à rede, de 2005 a 2009, Brasil – Regiões

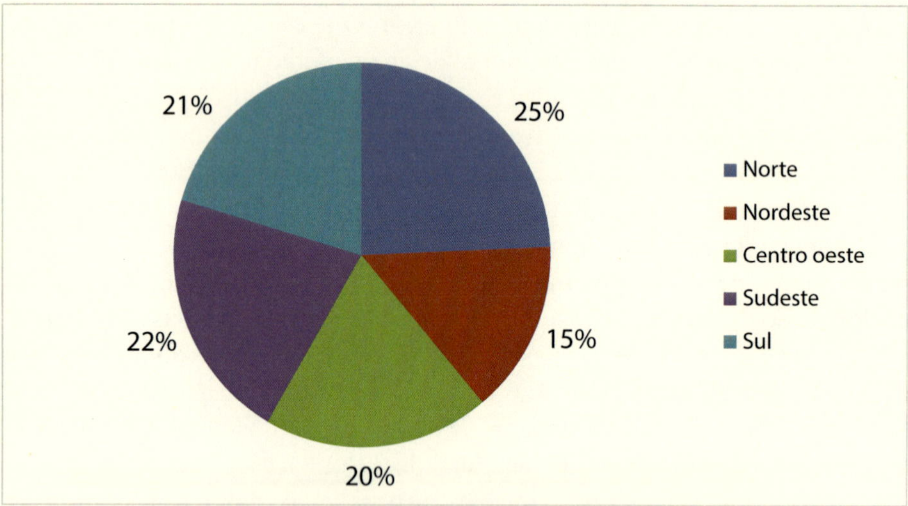

Fonte: Comitê Gestor da Internet no Brasil, 2010 (CGI.Br)

Em relação ao tipo de conexão à Internet, houve um crescimento expressivo das conexões dedicadas de alto desempenho, fazendo com que o percentual de domicílios com esse tipo de tecnologia de acesso à rede tenha triplicado em quatro anos. Em 2009, 66% dos usuários domiciliares usaram acesso dedicado enquanto apenas 20% utilizaram o *modem* tradicional.

Tal resultado pode ser considerado um avanço se considerarmos apenas os aspectos quantitativos. Entretanto, ao nos aprofundarmos um pouco mais na análise dos dados, observamos que 54% dos domicílios utilizam banda larga com velocidades entre 256 kb. a 1 MB.

Mesmo que tenhamos motivos para comemorar o avanço significativo da banda larga nas áreas urbanas, não podemos nos esquecer de que o Brasil é um país de dimensões continentais com disparidades gritantes entre regiões e estados. Por exemplo, enquanto na zona urbana 27% acessam a Internet por conexão banda larga, na zona rural apenas 6% o fazem.

O Gráfico 5 nos mostra a velocidade de conexão à Internet, onde desponta a opção não sabe/não respondeu em 2º lugar.

Gráfico 5 - Velocidade de conexão à Internet utilizada no domicílio

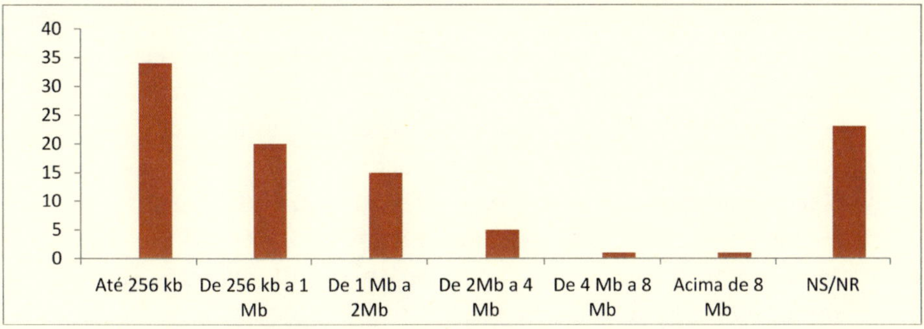

Até 256 kb	De 256 kb a 1 Mb	De 1 Mb a 2Mb	De 2Mb a 4 Mb	De 4 Mb a 8 Mb	Acima de 8 Mb	NS/NR
34	20	15	5	1	1	23

Fonte: Comitê Gestor da Internet no Brasil, 2010 (CGI.Br)

Se acrescentarmos a esses domicílios os que tiverem acesso até dois MB, encontraremos 69% dos domicílios na faixa de 256 kb a 2 MB. A partir da tabela acima, podemos perceber como a agregação simples dos dados pode ser enganosa: mais da metade da população brasileira com acesso à Internet conecta-se com velocidades entre 64 e 256 kb, velocidade bastante inferior à considerada banda larga, a qual está situada na faixa de 512 kb., no recém lançado plano de universalização da banda larga (BRASIL, 2010).

Diante desse cenário, surgem várias questões importantes sobre as quais é preciso refletir. Dentre elas, podemos destacar: Existe uma política pública de inclusão digital no Brasil? Se existe, como essa política vem sendo implementada? Pode a mesma ser considerada política social? Que relações podem ser estabelecidas com o processo de inclusão social? Essas são questões fundamentais para compreender as estratégias que são utilizadas na sua construção, os interesses que prevalecem na hora de escolher formatos de programas e distribuição de recursos e sobre os principais entraves à sua disseminação, trazendo à tona um pouco da complexidade que envolve o problema.

Segundo Balboni (2007), desde o Governo Fernando Henrique Cardoso (FHC), a universalização do acesso às novas tecnologias da informação e da comunicação vem sendo apresentada como uma prioridade para o governo brasileiro, manifestada inicialmente através dos objetivos estabelecidos durante a privatização do Sistema Telebrás, na Lei Geral de Telecomunicações e em seu Plano de Metas de Universalização.

Entretanto, nesse primeiro momento, a inclusão digital foi compreendida como o simples acesso aos serviços de telecomunicações, esforço que se efetivou com o crescimento do número de telefones fixos e, posteriormente, de celulares, mas não atendeu às necessidades de acesso à informação da população. Trata-se de uma concepção simplista de inclusão digital, focada no acesso à infraestrutura, pois o custo do computador, da conexão Internet e até mesmo do pulso telefônico, eram – e continuam sendo – proibitivos para as comunidades de baixa renda. Nesse sentido, é interessante observar que as classes menos privilegiadas têm encontrado diferentes estratégias para o uso econômico do celular, utilizando o equipamento apenas para receber chamadas ou estabelecendo um gasto fixo com o serviço, através dos pré-pagos. Porém, essas estratégias encontram dificuldade de serem utilizadas, como no caso do acesso à Internet, por exemplo (BALBONI, 2007).

Destaca-se também, no primeiro mandato do presidente Fernando Henrique Cardoso, a criação do Fundo de Universalização dos Serviços de Telecomunicações (FUST), através da Lei nº 9.998, de 17 de agosto de 2000, que recolhe 1% da receita operacional bruta das concessionárias de telefonia para aplicação em programas e atividades relacionadas à universalização da infraestrutura de telecomunicações no Brasil. Entretanto esses recursos, que atualmente ultrapassam os R$ 4 bilhões, nunca foram utilizados e continuam no caixa do Tesouro Nacional (AFONSO, 2000).

Em 15 de dezembro de 1999, o lançamento do Programa Sociedade da Informação (SocInfo) pelo Ministério da Ciência e Tecnologia (MCT) foi um marco na discussão da evolução da Internet e suas aplicações pra o desenvolvimento do país. Mesmo que ainda centrado na questão da infraestrutura e da universalização do acesso, o programa – constituído por um amplo conjunto de iniciativas em diversas áreas e com ações integradas das diferentes esferas do poder público, da iniciativa privada e do terceiro setor – foi a primeira iniciativa de se estabelecer "um projeto estratégico, de amplitude nacional, para integrar e coordenar o desenvolvimento e a utilização de serviços avançados de computação, comunicação e informação, e suas aplicações na sociedade" (TAKAHASHI, 2000, p. 35-36).

Nesse sentido, o lançamento do conhecido Livro Verde, em outubro de 2000, representou a consolidação de um amplo debate reunindo mais de 150 especialistas que, ao longo de 13 meses, discutiram temas como: mercado, trabalho e oportunidades, universalização de serviços e formação para a cidadania, educação na sociedade da informação, conteúdos e identidade cultural, governo ao alcance de todos, pesquisa e desenvolvimento, tecnologias-chave e aplicações, infraestrutura avançada e novos serviços. O programa foi responsável ainda pelo lançamento do Livro Branco, com o plano de ações e a explicitação de mecanismos de execução do SocInfo para um período de cinco anos. Entretanto, com a mudança de governo em 2003, o programa foi sendo esvaziado até ser desativado (AFONSO, 2000).

Também se destaca, nesse período, a implementação do Programa Nacional de Informática na Educação (PROINFO), iniciativa pioneira para a promoção do uso das TICs em escolas públicas de ensino médio e fundamental. Criado em abril de 1997, pelo Ministério da Educação, e ainda em funcionamento, o programa já foi responsável pela instalação de laboratórios de informática em mais de 52 mil escolas públicas. Cabe observar que, em alguns casos, os laboratórios permaneceram fechados por muitos anos devido à falta de capacitação adequada a professores e funcionários que cuidam dos equipamentos (BALBONI, 2007).

No início dos anos 2000, ainda durante o mandato de Fernando Henrique Cardoso, o Governo – em suas diferentes esferas –, passou a implementar um conjunto de iniciativas de inclusão digital, envolvendo a própria administração pública, a sociedade civil e o setor privado, com destaque para a disponibilização de serviços de governo eletrônico para a população (BALBONI, 2007).

Orientado pelas metas do programa SocInfo, foi lançado em 3 de abril de 2000 o projeto interministerial de Governo Eletrônico, gerido pelo Comitê Executivo do Governo Eletrônico (CEGE), com o objetivo de coordenar, estabelecer diretrizes e articular as ações de implementação dessas novas formas eletrônicas de interação com o cidadão. Nessa época, foram criados os primeiros programas públicos de inclusão digital estadual e municipal, com o objetivo de oferecer acesso gratuito à Internet, dentre eles, os telecentros comunitários do Digitando o Futuro (da prefeitura de Curitiba), os infocentros do Acessa São Paulo (do governo do Estado de São Paulo), os telecentros (do município de Porto Alegre), e o Sampa.org, do Instituto de Políticas Públicas Florestan Fernandes, que inspirou o Telecentro São Paulo, posteriormente incorporado ao projeto da prefeitura (BALBONI, 2007).

Em 2003, no início do Governo Luis Inácio Lula da Silva, o termo inclusão digital substituiu o de universalização do acesso no discurso público nacional e passou a ser anunciado como um dos principais insumos para o desenvolvimento do país. A estratégia de inclusão digital adotada pelo governo federal reúne diversas iniciativas ministeriais e interministeriais com alguma articulação entre si (BALBONI, 2007).

Para o Governo Federal, a inclusão digital é compreendida como um "direito de cidadania e, portanto, objeto de políticas públicas para sua promoção". Essas políticas têm como referência os direitos coletivos, incorporando a preocupação anterior de atender às necessidades individuais dos cidadãos. Vincula-se, porém, aos "princípios da universalidade, da igualdade perante a lei e da equidade na oferta de serviços e informações", incluindo a importância da utilização da tecnologia da informação pelas organizações da sociedade civil em suas interações com os governos (BALBONI, 2007).

De fato, no ano de 2004, o Governo Federal anunciou – em declarações e discursos registrados pela mídia – a tentativa de sistematização das diversas iniciativas em curso no país, como o Programa Brasileiro de Inclusão Digital (PBID). Apesar do grande destaque da mídia, não existe uma concepção única do que seja efetivamente o programa. Segundo Porcaro (2005, p. 71),

> em algumas declarações, o PBID é visto como o próprio Projeto Casa Brasil, por reunir várias ações de inclusão em diversas áreas, como educação, comunicação cultura, serviços interativos e gestão pública, sendo, pois, grande a convergência de esforços de diversos órgãos federais para a inclusão digital [...].

Outras declarações, relata Porcaro (2005), relacionam o PBID a diferentes ações, como o Programa Computador Para Todos, o GESAC, o Serviço de Comunicação Digital (SCD) – que, com verba do FUST, pretendia incluir digitalmente as instituições públicas do ensino básico, bibliotecas, hospitais, postos de saúde e redes ambulatoriais –, dentre outras instituições.

Para maior clareza da nossa exposição, apresentaremos a seguir algumas dessas iniciativas com o propósito de desenhar o cenário atual das políticas públicas de inclusão digital no país. Identificamos a falta de um plano nacional de inclusão digital que integre esse conjunto de experiências, potencializando, assim, seus resultados e sua inserção na comunidade. De acordo com o Portal Inclusão Digital (2011), a política nacional de inclusão digital compõe-se de várias iniciativas, tais como: Casa Brasil, Centro Vocacional Tecnológico (CVT), Gesac, Maré, Pontos de Cultura, Programa Estação Digital, Programa Nacional de Informática Educativa (PROINFO), Projeto Computador para a Inclusão, Quiosque do Cidadão, Serpro Cidadão e Telecentros de Informação e Negócios (TIN).

Tabela 2 - Quadro síntese dos programas de inclusão digital no Brasil

PROGRAMA	ÊNFASE	PÚBLICO	COORDENAÇÃO/ PARCERIAS	CRIAÇÃO
CASA BRASIL	implantar, junto às comunidades carentes, um espaço destinado à convergência das ações do Governo Federal nas áreas de inclusão digital, social e cultural, geração de trabalho e renda, ampliação da cidadania, popularização da ciência e da arte.	comunidades de baixo índice de desenvolvimento humano (IDH)	Ministério da Ciência e Tecnologia	2006
GESAC	promover a universalização do acesso à rede mundial de computadores a todas as regiões do país.	áreas que não possuem telefonia fixa e de difícil acesso	Ministério das comunicações	2002
MARÉ	inserir o segmento pesqueiro artesanal brasileiro na sociedade da informação	Pescadores e aquicultores	Secretaria de Aquicultura e Pesca da Presidência da República	2004
TIN	difundir informações e conhecimentos, com a finalidade de estimular a inovação, a competitividade e a consequente inserção no mercado globalizado	micro e pequena empresa	Ministério do Desenvolvimento, Indústria e Comércio Exterior	2001

continua...

...continuação.

PROGRAMA	ÊNFASE	PÚBLICO	COORDE-NAÇÃO/ PARCERIAS	CRIAÇÃO
PONTOS DE CULTURA	potencializar ações culturais já desenvolvidas por setores historicamente alijados das políticas públicas, criando condições de desenvolvimento econômico alternativo e autônomo para a sustentabilidade da comunidade	comunidades atendidas pelo programa	Ministério da Cultura	2004
QUIOSQUE DO CIDADÃO	prevenção do uso de drogas, educação sexual, orientação profissional, educação ambiental	comunidades carentes da Região Integrada de Desenvolvimento do Distrito Federal e Entorno (RIDE).	Ministério da Integração Regional	2002
PROINFO	introduzir as novas tecnologias de informação e comunicação (NTICs) no ambiente do ensino público fundamental e médio brasileiro, para dar apoio ao processo pedagógico de ensino-aprendizagem	professores do ensino fundamental e médio	Ministério da Educação	1997
CENTRO VOCACIONAL-TECNOLÓGICO	proporcionar a educação continuada, incentivar, articular e promover o desenvolvimento de empreendedorismo por meio da capacitação e/ou atualização tecnológica gerencial, através da ampliação de pontos de acesso ao conhecimento em ciência e tecnologia	alunos dos cursos profissionalizantes ministrados	Ministério da Ciência e Tecnologia	2003

continua...

...continuação.

PROGRAMA	ÊNFASE	PÚBLICO	COORDE-NAÇÃO/ PARCERIAS	CRIAÇÃO
ESTAÇÃO DIGITAL	promover a infoinclusão	estudantes, donas-de-casa, trabalhadores, populações tradicionais e cooperativas	Fundação Banco do Brasil (FBB)	2004
COMPUTADORES PARA A INCLUSÃO	recondicionar equipamentos de informática usados	telecentros comunitários, escolas públicas e bibliotecas	Ministério do Planejamento, Orçamento e Gestão	2004
ESPAÇO SERPRO CIDADÃO	promover a interação entre indivíduos excluídos digitalmente	estudantes do ensino público	Serviço Federal de Processamento de Dados (SERPRO)	2002

Fonte: Quadro elaborado pelo autor, a partir de Martins e Lucas (2009), Portal Inclusão Digital e páginas dos programas

Além dos programas listados outros já foram desenvolvidos pelo Governo Federal entre os quais podemos citar o Computador para Todos, PC do Professor e um computador por aluno (UCA). Em relação a esse último, o mesmo encontra-se, no momento, em fase de avaliação do projeto piloto.

Segundo Balboni (2007), o governo tem orientado suas ações nessa área a partir de três parâmetros básicos: focalização; descentralização e busca de parcerias (Estado/Mercado/Sociedade), havendo atualmente programas de inclusão digital vinculados a vários ministérios.

Nesse sentido, além desses programas, o Ministério do Desenvolvimento, Indústria e Comércio (MIC) e a Organização Não Governamental Comitê para Democratização da Informática (CDI) assinaram um convênio entre as partes que mantém 642 unidades de Escolas de Informática e Cidadania (EIC) distribuídas em várias cidades do Brasil e mais 198 no exterior. O objetivo do CDI, conforme pode ser aferido em seu *site* na Internet, é "promover a apropriação social da tecnologia por diversos tipos de públicos, utilizando-a como ferramenta para estimular a cidadania ativa e o empreendedorismo, fomentando o desenvolvimento político, social e econômico dos países nos quais a organização atua". Além das unidades mantidas em convênio com o MIC, o CDI é uma rede própria de telecentros.

Atuando em outro campo, a Presidência da República lançou o Programa Computador para todos, com o objetivo de reduzir os preços dos equipamentos (de computadores portáteis, inclusive) e permitir seu financiamento a juros reduzidos, além de firmar parcerias com as empresas de telecomunicações para permitir o acesso à Internet com valores abaixo dos praticados pelo mercado.

Durante o Governo Lula, o Comitê Executivo do Governo Eletrônico (CEGE), presidido pelo Chefe da Casa Civil e mantido pela Secretaria de Logística e de Tecnologia da Informação (SLTI) do Ministério do Planejamento, Orçamento e Gestão (MPLOG), criou oito Comitês Técnicos para coordenar as iniciativas de governo eletrônico em âmbito federal. Além disso, deveria articular as iniciativas nas demais esferas de governo, entre eles o Comitê Técnico de Inclusão Digital (CTID). Para a nova administração, o CTID seria responsável pela promoção da cidadania e da participação social por meio da inclusão digital.

Coordenado pela SLTI, o CTID (2004) estabeleceu uma série de metas e diretrizes, orientadas pelos seguintes preceitos:

- **Construir infraestrutura de inclusão digital voltada para uso público comunitário**: Considera que a infraestrutura de acesso deve promover a participação dos cidadãos e das organizações da sociedade civil em sua gestão. Enfatiza o modelo de telecentros comunitários: uma estratégia que visa à promoção da inclusão digital não somente de indivíduos, mas também de organizações da sociedade civil.

- **Pluralidade de modelos sob mesmas diretrizes:** Considera que as ações de inclusão digital não estarão referenciadas a um modelo único de iniciativa, embora devam obedecer a princípios e diretrizes gerais, válidos para todas. Serão ações indutivas, normativas e financiadoras que deverão levar em conta especificidades de público e questões regionais, inclusive áreas rurais.

- **Segmentação de públicos:** Consideram as escolas e crianças os públicos prioritários e indispensáveis, mas não exclusivos. O público deve ser visto como sujeito do processo e não apenas como destinatário de serviços.

- **Construção de infraestrutura a ser apropriada pela sociedade**: Considera que os projetos de inclusão digital devam ser apropriados pela comunidade, especialmente pelo uso comunitário dos espaços e processos. Os projetos se constituirão de espaços multifuncionais geridos comunitariamente, visando a uma cobertura territorial nacional.

- **As iniciativas de inclusão digital devem ter comprometimento com o desenvolvimento local**: Considera essencial o estímulo à produção e à sistematização de conteúdo e conhecimentos locais para a promoção da efetiva apropriação tecnológica pelas comunidades envolvidas. A sustentabilidade das iniciativas se dá pelo estímulo ao uso de NTICs para o desenvolvimento local.

- **Integração da inclusão digital a outras iniciativas e políticas**: Considera que a inclusão digital deva se dar de maneira integrada à promoção do Governo Eletrônico, e suas ações devam ser integradas no âmbito federal. A execução da política de inclusão digital deve ser compartilhada com outros níveis de governo, setor privado e sociedade civil. Deve considerar a integração das diversas demandas existentes, possibilitando a otimização dos recursos para sua implantação. O desenho das ações deve incorporar possibilidades de cooperação e articulação internacional.

- **Avaliação**: Considera que as ações de inclusão digital devam ser avaliadas permanentemente. A política de inclusão digital deve incluir a criação de sistema de avaliação das ações e indicadores de inclusão digital.

- **Utilização de *software* livre**: Considera que se deva privilegiar a utilização de *software* livre (CTDI, 2010).

Em documento divulgado no final de 2006 (SLTI, 2006), o CTID apresenta os balanços e perspectivas da inclusão digital de janeiro de 2003 a agosto de 2006. Dentre as conquistas apontadas, estão a promoção de iniciativas dispersas de inclusão digital por todo o território nacional e os debates relativos à construção de uma política pública para a inclusão digital no país.

Outro ponto desse balanço que merece atenção é a criação do Observatório Nacional de Inclusão Digital (ONID) no início de 2005, com o objetivo de cadastrar telecentros e outros espaços não comerciais de acesso coletivo e livre às tecnologias de comunicação e informação para mensurar e acompanhar seu desenvolvimento. O ONID foi responsável também pela elaboração do *site* <www.inclusaodigital.gov.br>, que disponibiliza informações sobre todos os programas de inclusão digital do governo federal, notícias, referências a soluções tecnológicas, orientações para gestão, capacitação, promoção de projetos e acessibilidade para uso livre dos responsáveis por telecentros e outras iniciativas de inclusão digital.

CAPÍTULO 4

A POLÍTICA DE INCLUSÃO DIGITAL NO MUNICÍPIO DE VITÓRIA

Neste capítulo, descreveremos e analisaremos as iniciativas de inclusão digital desenvolvidas no município de Vitória. Foram analisados os programas INFOVIT, Rede de Telecentros Casa Vitória, Casa Brasil e Rede Vitória Digital a partir dos seguintes documentos:

- Planos de Governo;
- Relatórios de Gestão;
- *Sites* dos programas de inclusão digital selecionados;
- Orçamentos municipais referentes ao período de 2005 a 2010;
- PPA 2002-2005, 2006-2009 e 2010-2013;
- Planejamento Estratégico 2005-2008;
- Vitória do Futuro – Plano Estratégico da Cidade 1996-2010;
- Projeto Vitória do Futuro – Versão 2002;
- Atos do Executivo e do Legislativo;
- Programa Rede Criança.

A avaliação efetuada compreendeu o período de 2005 a 2010, no qual foram identificados e analisados os programas de inclusão digital da PMV. Para analisarmos a política de inclusão digital da PMV, recorremos à metodologia proposta por Boschetti (2007), dando especial atenção à configuração e abrangência dos programas, a existência ou não do controle social por parte da sociedade, a gestão dos programas analisados e ao seu financiamento.

Em relação à configuração dos programas analisados, utilizaremos como indicadores seu reconhecimento na legislação como direito reclamável ou não; seu caráter (se universal ou focalizado); e sua sistematicidade e continuidade no tempo. Para a análise da abrangência, focalizamos nossa atenção no público-alvo do programa, seu percentual de atendimento e no número de comunidades atendidas. Em relação ao financiamento dos programas de inclusão digital, procuramos identificar a origem (se originários ou vinculados), previsibilidade e periodicidade dos recursos, as rubricas específicas do orçamento e a distribuição dos recursos pelos diferentes programas que compõem a política de inclusão digital da PMV. Por último, analisamos as relações entre as esferas governamentais, bem como entre o município e as organizações da sociedade civil.

4.1 Programa Informática nas Unidades Escolares do Município de Vitória (INFOVIT)

O INFOVIT é o mais antigo programa de inclusão digital da PMV e tem como objetivo proporcionar acesso às novas tecnologias de informação e comunicação. O ensino de informática nas escolas da Rede Pública da PMV foi instituído pela lei n° 4.789, em 10 de dezembro de 1998, no então ensino de Primeiro Grau. Em linhas gerais, podemos distinguir dois períodos no projeto; o primeiro, estende-se das experiências iniciais em 1999, com a implantação do INFOVIT, até meados de 2001; o segundo período inicia-se em 2001 e se prolonga até os dias atuais. Deve-se salientar que, desde 2006, o programa passou a ser denominado Programa Educação Ampliada. Mais tarde, passou a se chamar Tecnologia e Educação. Compreendendo tratar-se dos mesmos objetivos desenvolvidos nas escolas, para fins desta análise, utilizaremos a denominação INFOVIT, independente do período.

Lançado em outubro de 1997, o INFOVIT, tinha como objetivo "[...] planejar e executar a continuidade do processo de integração da informática nas escolas da rede municipal para que todas elas estejam interconectadas através da Rede Municipal Educativa de Informação até o ano de 2001" (VITÓRIA, 1997, p. 4).

Posteriormente, de acordo com o Plano Municipal de Educação de Vitória 2001/2010 (VITÓRIA, 2003a, p. 19), o INFOVIT estabelece como objetivo "possibilitar a integração de inovação tecnológica às atividades didáticas, proporcionando aos alunos, à comunidade escolar e local o acesso à informática para a aquisição do conhecimento".

Ao final de 2000, a PMV apontou os seguintes avanços dentro do projeto:

> Implantação e funcionamento de 14 laboratórios de informática com 21 máquinas cada um e periféricos, da rede local em 07 laboratórios de informática em funcionamento. Informatização das 38 secretarias escolares, objetivando a padronização da documentação escolar e informações estatísticas educacionais da rede municipal de ensino; aquisição de mais 535 computadores para instalação nos laboratórios de informática nas unidades escolares a serem informatizadas, totalizando 843 máquinas nas 38 EPGs; instalação do Núcleo de Suporte na SEME, para atendimento aos usuários das secretarias escolares, laboratórios de informática e setores internos da Secretaria; aquisição de 32 títulos de *software* nas áreas curriculares: Português, Matemática, História, Geografia,

Ciências, Artes, Educação Física, Informática e Enciclopédia para cada máquina instalada nos laboratórios de Informática das 38 EPGs; capacitação de 384 profissionais, sendo: 51 secretários escolares no sistema expert (documentação escolar e informações estatísticas educacionais) 233 professores em curso de iniciação em informática e operação de *softwares* pedagógicos (VITÓRIA, 2000).

Conforme visto nos documentos oficiais da PMV, a partir de 2004, o INFOVIT foi substituído pelo Programa Educação Ampliada que abrangeu inúmeros projetos, dentre eles, o Internet para todos e o Oitava digital (VITÓRIA, 2004a).

O projeto Internet para todos disponibilizou o laboratório de informática de doze Escolas Municipais de Ensino Fundamental (EMEFs), possibilitando o acesso à Internet pelos moradores das comunidades. Segundo a SEME, graças ao projeto, no ano de 2003, em média 240 pessoas acessaram mensalmente a Internet, em cada uma das doze EMEFs que desenvolveram essa atividade.

Já o projeto Oitava Digital visava preparar os alunos da 8ª série, para "aumentar suas chances no mercado de trabalho e as perspectivas para um futuro melhor" (VITÓRIA, 2004b, p. 61). Segundo os relatórios da SEME (2004b, p. 3), esse projeto teria atendido a 680 alunos no período 2003-2004.

No ano de 2009, de acordo com os dados do Censo Escolar 2010, Vitória contava com 52 EMEFs, todas com laboratórios de informática. Segundo a mesma fonte, das escolas com laboratório de informática, 42 delas têm conexão banda larga. No mesmo ano, de 44 Centros Municipais de Educação Infantil (CMEIs), 36 possuíam laboratório de informática, dos quais 33 com conexão banda larga. Comparativamente aos três maiores municípios em extensão e importância do Espírito Santo (Cariacica, Serra e Vila Velha), Vitória possuía, em 2009, 35% do número total de laboratórios de informática e 50% do total das escolas de ensino fundamental com acesso à Internet, levando em consideração os quatros municípios (ESPIRÍTO SANTO, 2009).

Segundo dados disponibilizados pela PMV relativos ao ano de 2010, as EMEFs contam com cerca de 20 computadores por laboratório e os CMEIs com cinco. Essas unidades têm acesso à Internet em alta velocidade e algumas contam, ainda, com projetor multimídia. Até o fim do ano de 2010, a PMV tinha como meta implantar lousas digitais em todas as EMEFs. Todas as máquinas empregadas no ensino utilizam *softwares* livres, como acontece nos telecentros. Os aplicativos trabalham disciplinas, como matemática, ciências e português, e existem programas específicos para a formação de pessoas com necessidades especiais. De acordo com a PMV, três CMEIs e sete EMEFs contavam com a tecnologia de lousa digital, que utiliza o sistema Vix Linux e está conectada à Internet. Com 77 polegadas, a lousa é sensível ao toque humano, portanto, adequada à aprendizagem dos alunos com necessidades especiais. Desenhos, textos, cálculos, enfim, todas as informações que estão na tela podem ser salvas e ficam à disposição dos estudantes. Em 2011, está prevista a instalação da lousa digital em mais 26 escolas (VITÓRIA, 2011a).

4.1.1 Rede de Telecentros Casa Vitória

A rigor, um telecentro nada mais é do que uma sala de computadores com *softwares* livres, conectados à Internet para uso público e gratuito, localizado em algum ponto da cidade. Este equipamento urbano oferece à população a possibilidade de acessar computadores e Internet para fazer cursos à distância, enviar e receber e-mails, buscar informações, veicular informações, jogar, ouvir músicas, trabalhar, procurar empregos ou fazer compras.

Segundo Assumpção (2001, p. 68), o telecentro é uma das estratégias mais utilizadas para promover o acesso às tecnologias da informação e comunicação:

> trata-se de uma tentativa concreta de constituição de um espaço público e de novas formas de ação, desenvolvimento comunitário e participação política, possibilitadas pelas novas Tecnologias de Informação e Comunicação, aplicadas em um processo de Inclusão Digital.

De acordo com a PMV, o telecentro é um ambiente que conta com computadores conectados à Internet por meio de banda larga e oferece o acesso gratuito à rede mundial de computadores, além de cursos de informática básica, treinamentos presenciais e à distância. Também segundo a mesma fonte, "é onde o cidadão obtém informações, serviços e oportunidades de negócios que induzam ao crescimento na produção de emprego e renda" (VITÓRIA, 2011b).

Utilizando *software* livre, a Rede Telecentro Casa Vitória busca "inserir a comunidade, o trabalhador, o empresário e o empreendedor na sociedade da informação, por meio do acesso às novas tecnologias da informação e comunicação" (VITÓRIA, 2011b).

Tendo como objetivo central combater a exclusão digital, os telecentros são considerados pela Secretaria de Trabalho da Prefeitura Municipal de Vitória (PMV) "uma iniciativa fundamental para capacitar a população brasileira e inseri-la na sociedade da informação, objetivando assegurar a preservação da cultura com a construção de *sites* de língua portuguesa e de temas vinculados ao cotidiano" (VITÓRIA, 2011b, p. 1).

Para utilizar os telecentros, o cidadão deve se cadastrar e solicitar autorização junto à recepção do espaço, apresentando documento com foto (Carteira de Identidade, Carteira de Habilitação ou Carteira de Trabalho) e comprovante de residência. Uma vez cadastrado, o cidadão tem direito ao uso livre, ao espaço e aos equipamentos dentro do horário estabelecido de 60 minutos diários. Segundo a SETGER, idosos, deficientes físicos e gestantes têm prioridade no atendimento, bem como na utilização dos serviços. Não é permitido o acesso a serviços por usuários que estejam vestindo uniforme escolar (VITÓRIA, 2011b).

De acordo com a mesma fonte, os usuários de até 12 anos só podem utilizar o telecentro se estiverem acompanhados dos pais ou de um responsável maior de idade. Para quem tem de 13 a 15 anos, o acesso é permitido mediante autorização por escrito dos pais ou responsáveis. A partir dos 16 anos, o uso é livre. A partir de 14 anos, as pessoas podem fazer o curso de informática livre e participar de todas as atividades desenvolvidas no telecentro (VITÓRIA, 2011b).

Em pesquisa realizada em 11 telecentros da PMV, Silva (2007) verificou que o maior quantitativo de ocupação é de estudantes, seguido de trabalhadores formais nas atividades de comércio, prestação de serviços, educação e beleza. Confirmando o indicador de ocupação – estudantes – a faixa etária predominante dos usuários é de 13 a 18 anos, vindo em seguida a de 19 a 24 anos, que buscam como primeira opção os cursos, seguido de lazer (msn/orkut).

Do universo de 2.698 usuários entrevistados por Silva (2007), 1.470 eram mulheres, perfazendo 54% do público total dos telecentros; 884 delas frequentavam os telecentros no período vespertino (SILVA, 2007). Em todos os telecentros, os desempregados formavam o maior público no período da manhã, muitos deles buscando colocação ou qualificação, visando oportunidades geradas.

O levantamento realizado por Silva (2007) sobre os telecentros de Vitória também identificou que a maioria de usuários é da própria comunidade, seguidos de moradores do entorno. Porém, em Jardim da Penha e em Jardim Camburi, os usuários são originários de diversas localidades da capital e também dos municípios de Serra e Cariacica. Outro aspecto levantado pelo autor foi referente ao tipo de usuário: o maior quantitativo é de estudantes.

4.1.2 Casa Brasil

Outro programa desenvolvido pela Prefeitura Municipal de Vitória é o Casa Brasil. Proposto pelo Governo Federal, o programa tem como objetivo implantar, junto às comunidades carentes, um espaço destinado à "convergência das ações do governo federal nas áreas de inclusão digital, social e cultural, geração de trabalho e renda, ampliação da cidadania, popularização da ciência e da arte" (BRASIL, 2005a, p. 2).

Seu objetivo geral, como projeto de pesquisa de inclusão digital e social, é analisar o impacto do projeto Casa Brasil na inserção da comunidade local na universalização do acesso e do uso intensivo da tecnologia da informação contra a miséria, visando também à autonomia coletiva dos segmentos socialmente excluídos (BRASIL, 2005a).

No contexto de um projeto com um objetivo ambicioso, o Casa Brasil tem como objetivos específicos "promover a emancipação dos cidadãos, proporcionando a universalização do acesso aos meios, ferramentas, conteúdo e saberes da Sociedade do Conhecimento através das tecnologias da informação e comunicação". Além disso, propõe-se a:

- Trabalhar a redução da desigualdade social;
- Viabilizar a apropriação autônoma e livre das novas tecnologias;
- Estimular o desenvolvimento da cidadania ativa;
- Fortalecer as ações das organizações da sociedade civil e a participação popular;
- Contribuir para a formulação de políticas públicas mais eficazes e justas;
- Promover a integração da comunidade, estimulando o lazer, a cultura e o convívio social;
- Democratizar as comunicações;
- Proporcionar um espaço para a manifestação cultural local e regional;
- Estimular e difundir o hábito de leitura;
- Divulgar a ciência;
- Promover a inclusão digital e preparação para o trabalho através dos laboratórios de montagem e manutenção de equipamentos de informática;
- Proporcionar à comunidade a oportunidade de criar e editar conteúdos multimídia (BRASIL, 2005a).

A Casa Brasil é um espaço multifuncional de conhecimento e cidadania em comunidades de baixo IDH, em parceria com instituições locais (BRASIL, 2011a). Cada uma de suas unidades abriga um telecentro, com uso de *software* livre, e pelo menos mais dois outros módulos entre os descritos a seguir:

1. **Telecentro** - com 20 computadores conectados à Internet, abriga atividades livres e oficinas temáticas. O acesso à tecnologia mostra como é possível ajudar a resolver questões cotidianas da comunidade.

2. **Sala de leitura** - tem por objetivo fomentar leitura, produção e compartilhamento de textos e oferecer atividades culturais, como encontros literários, oficinas de criatividade, saraus, rodas de leitura, orientação a pesquisas e empréstimo domiciliar de livros.

3. **Auditório** - destinado a encontros, reuniões e divulgação do que é produzido na unidade Casa Brasil e na comunidade. Oferece espaço para apresentações musicais, peças e dramatizações, além de servir a reuniões da comunidade, palestras, exibição e discussão de filmes, dentre outras atividades. Para isso, oferece, no mínimo, 50 lugares e equipamentos audiovisuais, como caixas acústicas, tela e canhão de projeção.

4. **Laboratório de divulgação da ciência** - tem por objetivo popularizar e divulgar a ciência, por meio de apropriação científica e tecnológica e de produções culturais e artísticas, estimulando interesses e curiosidades. Suas atividades abrangem mostras, experimentos científicos e manifestações artísticas, de acordo com a vocação de cada unidade.

5. **Laboratório de informática** - trabalha com montagem e manutenção de equipamentos de informática, possibilitando a exploração de microcomputadores e de seus componentes para desenvolver atividades que tratem de recondicionamento e reciclagem das máquinas, incluindo novos significados e usos para tecnologias.

6. **Estúdio multimídia** - destinado à criação, gravação e tratamento de conteúdos audiovisuais, produção e compartilhamento de conteúdos para Internet e programação com ferramentas e linguagens livres. É equipado com computadores, câmeras fotográfica e de vídeo digitais, gravador digital portátil, mesa de som, videocassete e microfones.

7. **Oficina de rádio** - estimula a produção de conteúdos para rádio livre, web rádio e outros tipos de transmissão pública de conteúdos em linguagem radiofônica, com programação montada livremente pelos programadores. Oferece oficinas de produção de conteúdo de áudio, comunicação comunitária, *web* radio e *podcasting*. Incentiva a produção de mídias abertas de interesse público, com cunho comunitário, educativo, informativo, cultural e artístico (BRASIL, 2011a).

Além do telecentro e outros módulos, cada Casa Brasil deve contar com um espaço para atividades comunitárias e de um módulo de inclusão bancária nas localidades onde for possível.

Em julho de 2011, havia 52 unidades em funcionamento no Brasil, sendo duas no Estado do Espírito Santo, atendendo em média a 210 mil pessoas/mês. Já foram capacitadas mais de 1.000 pessoas nas 48 oficinas livres oferecidas a partir da plataforma de educação a distância construída pelo projeto (BRASIL, 2011a).

Segundo o edital 41/2005, poderiam ser candidatos a parceiro estratégico do Casa Brasil "associações, fundações, organizações não-governamentais (ONGs), organizações da sociedade civil de interesse público (OSCIPs), Universidades, Institutos, Centros Tecnológicos, Centros e Museus de Ciências, Centros e Fundações de Pesquisa e Desenvolvimento, públicas ou privadas, sem fins lucrativos, e/ou Prefeituras Municipais, Governos Estaduais, Empresas Públicas de Informática (BRASIL, 2005b).

Para sua implantação, cada parceiro estratégico de uma unidade do Casa Brasil, deveria apresentar, dentre outras, as seguintes precondições: espaço físico de, no mínimo, trezentos metros quadrados de área útil, local com documentação para garantir que a unidade permanecerá instalada no mesmo local por, pelo menos, três anos; e ser instalada e mantida em espaços laicos (BRASIL, 2005b, p. 6).

Dentre as obrigações do parceiro estratégico, no nosso caso a PMV, encontram-se o oferecimento de condições de acessibilidade e utilização de todas as dependências das unidades do Casa Brasil a portadores de necessidades especiais, a garantia de que as atividades na unidade sejam de uso público e gratuito, garantia de abertura da unidade ao público, no mínimo, durante 8 horas por dia, 5 dias por semana a fim de garantir que todo o ensino e uso da Casa Brasil seja laico (BRASIL, 2005b, p. 6).

Segundo a coordenação nacional do Casa Brasil, para assegurar a participação popular e comunitária, cada unidade deve contar com um Conselho Gestor, formado em sua maioria por membros da comunidade, que organiza a utilização de cada unidade (BRASIL, 2011a). Sendo um espaço público e comunitário, de uso gratuito e de acesso irrestrito, o projeto estimula a apropriação da unidade pela comunidade, transformando-a em espelho cultural do local em que foi implementada, fomentando a gestão participativa e a ampliação da cidadania e fortalecendo a ação da sociedade civil. Durante o primeiro ano do projeto, o governo federal, além da construção dos laboratórios/módulos, concedeu bolsas do Conselho Nacional de Desenvolvimento Científico e Tecnológico (CNPq). Em contrapartida, a instituição mantenedora arcaria com os custos de manutenção do espaço e com a administração da casa. Nos dois anos seguintes, a mantenedora deveria garantir a manutenção das atividades segundo o estabelecido no edital de seleção pública de projetos de pesquisa e desenvolvimento de tecnologias da informação (BRASIL, 2005a).

Em termos de custos, o Casa Brasil foi projetado com um montante de recursos da ordem de R$24.070.330,00, quantia essa que, dividida pelas 90 unidades instaladas, resultaria inicialmente em um valor financiável de R$267.448,12 por unidade, aí incluídos capital, custeio e bolsas.

Entretanto, quando da divulgação do Edital 41/2005 (BRASIL, 2005b), os recursos disponíveis para o projeto sofreram uma redução drástica, da ordem de R$9.097.200,00, com o valor financiável a fundo perdido passando para R$101.080,00.

Proposto em 2005, o programa só começou a ser desenvolvido em novembro de 2006, tendo em vista que os recursos para o projeto só ficaram disponíveis em novembro de 2005 (CASA BRASIL, 2009). Foi coordenado até o ano de 2009 pelo ITI com a proposta de implantar espaços multifuncionais de conhecimento e cidadania em comunidades de baixo IDH. A partir do ano de 2009, o programa Casa Brasil foi transferido para o âmbito do MCT. Durante este período de transição, que durou até 2010, o Casa Brasil teve seu momento mais "acidentado". Sem recursos orçamentários previstos, essa situação culminou com o não pagamento de bolsas aos agentes de inclusão sócio-digital (CASA BRASIL, 2009). Esses recursos foram sendo reduzidos gradativamente passando de R$8.000.000,00 em 2008 para R$5.500.000,00 em 2009.

No município de Vitória, localizada no bairro Itararé, a unidade da Casa Brasil conta com os seguintes módulos instalados:

> **Telecentro** - possui 22 computadores conectados à Internet, abriga atividades livres e oficinas temáticas;
> **Sala de leitura** - tem por objetivo fomentar leitura, produção e compartilhamento de textos e oferecer atividades culturais, como encontros literários, oficinas de criatividade, saraus, rodas de leitura, orientação a pesquisas e empréstimo domiciliar de livro;
> **Estúdio multimídia** - destinado à criação, gravação e tratamento de conteúdos audiovisuais, produção e compartilhamento de conteúdos para Internet e programação com ferramentas e linguagens livres. É equipado com computadores, câmeras fotográfica e de vídeo digitais, gravador digital portátil, mesa de som, reprodutor de VHS e S-VHS e microfones. Oficinas ligadas às práticas audiovisuais e *hip-hop*. Ilhas de áudio, vídeo, gráfica e uma rádio;
> **Teatro de bolso** - recebe espetáculos, sessões de filme e oficinas artísticas;
> **Laboratório de artes** - espaço onde são promovidas diversas oficinas (VITÓRIA, 2011b).

Aberto de 2ª a 6ª feira, no horário de 9h às 18h, o Casa Brasil de Itararé, segundo dados da SETGER (VITÓRIA, 2011), atendeu no ano de 2009: 135 pessoas no laboratório de artes, 1.060 no teatro de bolso e 118 na videoteca. Possui 372 usuários cadastrados para uso do telecentro, e nos seus quatro anos de funcionamento já desenvolveu oficina de informática básica para gays, lésbicas, bissexuais, transexuais e transgêneros (GLBTT), além de peça teatral sobre gravidez na adolescência e uma rádio interna (CASABRASILVITÓRIA, 2011).

4.1.3 Rede Vitória Digital

Segundo a SETGER, além dos telecentros da Casa Vitória e da Casa Brasil, a PMV desenvolve também o programa Rede Vitória Digital. Constituído de um conjunto de tecnologias, a proposta inicial do programa era permitir a qualquer cidadão acessar a rede mundial de computadores, utilizando recursos de uma rede sem fio e sem necessidade de um provedor comercial. O objetivo do programa é promover a inclusão digital, apoio ao turista e o desenvolvimento econômico por meio de uma rede pública de acesso à Internet (VITÓRIA, 2011c).

Criado em 2009, o Vitória Digital foi implantando inicialmente em duas áreas da cidade (Jardim Camburi e Ilha das Caieiras) cobrindo um raio de 500 metros do local da instalação da antena. O sinal gratuito, segundo dados de junho de 2011, atualmente é oferecido em mais cinco áreas da cidade: Parque Moscoso, Parque Pedra da Cebola (Mata da Praia), Mercado São Sebastião, Horto de Maruípe e Centro de Referência da Juventude (Jucutuquara), com cobertura de um quilômetro de raio a partir da antena (GAVA, 2010).

Segundo Gava (2010), desde o início de funcionamento do Vitória Digital trafegaram na rede 10 mil terabytes acessados por computadores de mesa, *notebooks*, telefones e outros equipamentos com conexão *wireless*. Segundo o autor, o horário de maior utilização da rede ocorre no período de 2ª a 6ª feira, de 18h às 22h e nos fins de semana, contando hoje com 1.500 usuários habituais.

Como veremos adiante, da proposta inicial de universalizar o acesso gratuito à internet aos moradores de Vitória, apenas 10% da população do município foi atendida ao final do quadriênio 2010-2013.

Após essa breve introdução sobre os programas que compõem a política de inclusão digital da Prefeitura Municipal de Vitória, passaremos à análise de dados.

4.2 Análise de dados

4.2.1 INFOVIT

Embora o ensino da informática esteja presente desde 1998 nas escolas do município de Vitória, o mesmo não se constitui como direito previsto em legislação específica. Como em outras políticas públicas, tal programa foi criado numa articulação entre a PMV e o Governo do Estado, para a implantação do PROINFO no Estado.

Nas diretrizes do PROINFO pode-se perceber a estreita e mecânica ligação estabelecida entre trabalho e educação, conforme vemos na citação abaixo:

> A exigência de novos padrões de produtividade e competitividade em função dos avanços tecnológicos, o conhecimento como matéria-prima das economias modernas tecnologias nas formas organizacionais, nas relações de trabalho e na produção do conhecimento requerem um novo posicionamento da educação. [...]. É, portanto, vital que os cidadãos saibam operar com as novas tecnologias da informação e valer-se desta para resolver problemas. [...]. E o *locus* ideal para deflagrar um processo dessa natureza é o sistema educacional (BRASIL, 1997).

Em nível municipal, veremos que, à semelhança do programa nacional, há um atrelamento da iniciativa ao atendimento das demandas do mercado de trabalho e a referência ao seu uso no setor privado como justificativa da implantação. Dessa forma, para a PMV:

> A utilização da tecnologia da informação e comunicação na Educação é um processo mundialmente irreversível, a partir do qual se estabelecem novos parâmetros de avaliação para a entrada do futuro cidadão no mercado de trabalho. Com a utilização da informática em larga escala pelo setor privado, urge uma tomada de posição da escola pública, a grande responsável pela educação formal em nosso país, no sentido de definir diretrizes para a introdução dessa tecnologia no cotidiano escolar (VITÓRIA, 1997, p. 2).

Em relação aos programas de inclusão digital, o INFOVIT é o único que possui uma legislação específica, a lei n° 4.789, de 10 de dezembro de 1998. Ainda que, em tese, tal lei permita a reclamação de um direito, além da mesma limitá-la ao ensino de informática nas EMEFs, essa lei não estabelece critérios para sua exigibilidade. Por outro lado, tal programa consta no documento do programa Rede Criança, que apresenta como base legal as diretrizes do Estatuto da Criança e do Adolescente (ECA) (REDECRIANÇA, 2001),

Devido ao seu oferecimento estar vinculado à educação, direito reconhecido constitucionalmente como obrigatório e gratuito, no que se refere ao seu oferecimento nas EMEFs de Vitória, o ensino de informática pode ser considerado universalizado, caso consideremos que 100% das escolas possuem laboratórios de informática. Já no quesito conexão desses laboratórios à Internet, não se pode falar em universalização, uma vez que nove escolas, ou seja, 18% do total, não dispõem de acesso à rede mundial de computadores. Nesse particular, embora o Censo Escolar 2010 identifique que 43 escolas do município de Vitória possuem conexão banda larga, não há dados nesse levantamento sobre a velocidade dessa conexão por escola, dificultando a análise da qualidade desse acesso (ESPIRÍTO SANTO, 2009).

Na tabela abaixo, podemos perceber a distribuição dos laboratórios de informática pelas EMEFs, o número de computadores em setores administrativos e à disposição dos alunos, bem como aquelas que possuem acesso à Internet banda larga.

Tabela 1 - Escolas com laboratório de informática e/ou Internet na rede municipal de ensino fundamental de Vitória, 2009

Escola	Laboratório de Informática	Número de computadores		Internet	Banda Larga
		Administrativo	Alunos		
EMEF ADÃO BENEZATH	Sim	8	20	Possui	Possui
EMEF ADEVALNI S. FERREIRA DE AZEVEDO	Sim	23	34	Possui	Possui
EMEF ADILSON DA SILVA CASTRO	Sim	5	16	Possui	Possui
EMEF ALBERTO DE ALMEIDA	Sim	6	21	Possui	Possui
EMEF ALVARO DE CASTRO MATTOS	Sim	19	21	Possui	Não possui
EMEF ALVIMAR SILVA	Sim	1	21	Possui	Possui
EMEF AMILTON MONTEIRO DA SILVA	Sim	5	13	Possui	Possui
EMEF ANACLETA SCHNEIDER LUCAS	Sim	7	19	Possui	Possui
EMEF ARISTÓBULO BARBOSA LEÃO	Sim	6	18	Possui	Possui
EMEF ARTHUR DA COSTA E SILVA	Sim	7	21	Possui	Não possui
EMEF CASTELO BRANCO	Sim	4	21	Possui	Possui
EMEF CECILIANO ABEL DE ALMEIDA	Sim	8	17	Possui	Possui
EMEF CUSTODIA DIAS DE CAMPOS	Sim	5	14	Possui	Possui

continua...

...continuação.

Escola	Laboratório de Informática	Número de computadores		Internet	Banda Larga
		Administrativo	Alunos		
EMEF EBER LOUZADA ZIPPINOTTI	Sim	5	20	Possui	Não possui
EMEF EDNA DE MATTOS SIQUEIRA GAUDIO	Sim	3	21	Possui	Possui
EMEF ELIANE RODRIGUES DOS SANTOS	Sim	4	19	Possui	Não possui
EMEF ELZIRA VIVACQUA DOS SANTOS	Sim	4	23	Possui	Não possui
EMEF EXPERIMENTAL DE VITORIA - UFES	Sim	2	21	Possui	Possui
EMEF FRANCISCO LACERDA DE AGUIAR	Sim	2	20	Possui	Possui
EMEF HELOISA ABREU JUDICE DE MATTOS	Sim	6	19	Possui	Possui
EMEF IRMÃ JACINTA SOARES DE SOUZA LIMA	Sim	6	29	Possui	Possui
EMEF IZAURA MARQUES DA SILVA	Sim	11	25	Possui	Possui
EMEF JOSE AUREO MONJARDIM	Não	5	0	Possui	Possui
EMEF JOSE LEMOS DE MIRANDA	Sim	5	21	Possui	Possui
EMEF JUSCELINO KUBITSCHEK DE OLIVEIRA	Sim	4	26	Possui	Possui
EMEF LENIR BORLOT	Não	2	0	Possui	Possui
EMEF MAL MASCARENHAS DE MORAES	Sim	8	24	Possui	Possui
EMEF MARIA JOSE COSTA MORAES	Sim	3	21	Possui	Possui
EMEF MARIA LEONOR PEREIRA DA SILVA	Sim	5	21	Possui	Possui
EMEF MARIA MADALENA DE OLIVEIRA DOMINGUES	Sim	5	24	Possui	Possui
EMEF MARIETA ESCOBAR	Sim	11	22	Possui	Não possui
EMEF MAURO BRAGA	Sim	2	24	Possui	Não possui
EMEF MOACYR AVIDOS	Sim	8	21	Possui	Possui
EMEF NEUSA NUNES GONCALVES	Sim	7	21	Possui	Possui
EMEF OCTACILIO LOMBA	Sim	5	19	Possui	Possui
EMEF ORLANDINA D ALMEIDA LUCAS	Sim	6	30	Possui	Possui
EMEF OTTO EWALD JUNIOR	Sim	10	20	Possui	Possui
EMEF PADRE ANCHIETA	Sim	8	21	Possui	Possui

continua...

...continuação.

Escola	Laboratório de Informática	Número de computadores		Internet	Banda Larga
		Administrativo	Alunos		
EMEF PAULO ROBERTO VIEIRA GOMES	Sim	2	14	Possui	Possui
EMEF PREZIDEU AMORIM	Sim	3	1	Possui	Possui
EMEF PROF. JOÃO BANDEIRA	Sim	4	42	Possui	Possui
EMEF PROF. MARIA STELLA DE NOVAES	Sim	6	23	Possui	Possui
EMEF PROF. VERCENILIO DA SILVA PASCOAL	Sim	7	22	Possui	Não possui
EMEF PROFESSORA REGINA MARIA SILVA	Sim	4	20	Possui	Possui
EMEF RITA DE CASSIA OLIVEIRA	Sim	7	23	Possui	Possui
EMEF RONALDO SOARES	Sim	1	12	Possui	Possui
EMEF SAO VICENTE DE PAULO	Sim	8	21	Possui	Possui
EMEF SUZETE CUENDET	Sim	3	21	Possui	Possui
EMEF TANCREDO DE ALMEIDA NEVES	Sim	6	29	Possui	Não possui
EMEF ZILDA ANDRADE	Sim	6	21	Possui	Possui

Fonte: ESPIRÍTO SANTO (2009)

No ano de 2011, apesar de suas denominações e enfoques diversos, o INFOVIT completará 15 anos de existência, tratando-se do projeto mais duradouro desenvolvido pela Administração Municipal de Vitória no campo da inclusão digital. Considerando que, no Brasil, a agenda pública é marcada pela descontinuidade das políticas, um programa que atravessa quatro gestões com partidos políticos de campos ideológicos distintos, por si só pode ser considerado um fato digno de estudo.

De acordo com o plano municipal de educação 2001/2010 de Vitória, o INFOVIT tem como objetivo tornar possível a integração de inovação tecnológica às atividades didáticas, proporcionando aos alunos, à comunidade escolar e local o acesso à informática para a aquisição de conhecimento. Entretanto, quando analisamos o projeto original, percebemos que seu objetivo era a preparação do cidadão para a entrada no mundo do trabalho justificado pela utilização em larga escala da informática pelo setor privado. Para os formuladores do projeto, esse contexto tornava urgente a introdução dessa tecnologia no âmbito da escola pública. Essa interpretação revela como são percebidas as inter-relações entre o Estado, as NTICs, a economia e as políticas sociais, deixando transparecer a visão de um atrelamento das políticas públicas ao atendimento das necessidades de formação de mão de obra para o mercado de trabalho capitalista, não sendo percebida nenhuma opção, a não ser adequar-se a um processo mundial tido como irreversível.

Nessa mesma direção, o projeto Informática para todos, criado pela lei nº 6.552, de 2006, autorizava o Poder Executivo Municipal a abrir as EMEFs que não ofereciam ensino noturno a promover curso de informática para as comunidades, com os concludentes do curso recebendo certificado de capacitação em Informática Básica e Internet.

Com relação aos recursos financeiros previstos para o INFOVIT, os dados relativos a 2005, último ano em que esse programa foi desenvolvido sob essa denominação, revelam que foram alocados recursos de destinação ordinária na ordem de R$2.667,000,00. Destinação ordinária é, pois, o processo de alocação livre entre a origem e a aplicação dos recursos para atender a quaisquer finalidades. Não existe alocação de recursos de destinação vinculada, processo de vinculação entre a origem e a aplicação de recursos, em atendimento às finalidades específicas estabelecidas pela norma. Segundo o Manual de elaboração do PPA 2008-2011, em relação a sua classificação funcional (BRASIL, 2007), o recurso enquadra-se na função 12 (Educação), na subfunção 361 (Ensino Fundamental) e no programa 0206 do PPA 2002/2005 (Inclusão digital).

A partir de 2006, embora com outra denominação, foram previstos recursos para a inclusão digital na educação infantil e no ensino fundamental, conforme dados da tabela 2.

Tabela 2 - Recursos financeiros INFOVIT – 2006-2010

INFOVIT	2006	2007	2008	2009	2010
Inclusão digital - educação infantil	54.800,00	2.862.337,00	3.704.452,00	3.836.700,00	1.602.000,00
Inclusão digital - ensino fundamental	60.000,00	432.000,00.	578.700,00	614.000,00	1.222.000,00
Total	114.800,00	3.294.337,00	4.283.152,00	4.459.700,00	2.824.000,00

Fonte: Orçamentos municipais.

A destinação desse montante de recursos parece indicar que o processo de informação das EMEFs de Vitória foi uma decisão política do gestor público à época, dado que a destinação desses recursos não era obrigatória.

No que se refere às relações entre as esferas governamentais e as organizações da sociedade civil, no período analisado não observamos nos documentos nenhuma interface. O programa não possui relações com organizações da sociedade civil, sendo gerido e financiado em sua totalidade pelo município.

Quanto ao controle social, não identificamos a existência de um conselho de gestão, embora essa atribuição possa ser desempenhada pelo Conselho Municipal de Educação.

4.2.2 Telecentros Casa Vitória

Considerando o reconhecimento na legislação como direito reclamável, não identificamos na legislação vigente previsão de exigibilidade de equipamentos públicos de acesso às tecnologias de informação e comunicação para uso público e gratuito.

Oficialmente, o programa Casa Vitória possui o critério de implantação mais explícito dentre os programas analisados, ou seja, priorizar as regiões com baixo Índice de Qualidade Urbana (IQU). Contraditoriamente, a implantação dos telecentros, pelos diferentes bairros e regiões é a mais dispersa, tornando extremamente complexa a tarefa de compreender sua lógica interna.

Tendo como critério a implantação em bairros com menor Índice de Qualidade Urbana (IQU), até o ano de 2011, foram implantadas 21 telecentros no município de Vitória. De acordo com a PMV (VITÓRIA, 2011d), o IQU é um Índice de Qualidade Urbana aplicado para os bairros do município de Vitória, considerando os dados do Censo relativos a 1991 e 2000. O índice procurou identificar as características dos bairros do município de Vitória, baseando-se nos indicadores que compõem o IQU. Tentou-se, com isso, identificar a existência ou não de avanços, estagnações ou retrocessos ocorridos no período, com foco nas dimensões educacional, ambiental, habitacional e de renda. O referido índice possui um intervalo que vai do menor IQU (0,2) ao mais alto (0,84).

Conforme podemos perceber na tabela 3, a distribuição dos telecentros pelos bairros e regiões do município de Vitória é bastante desigual.

Tabela 3 - IQU por região

Região	Bairros	IQU	Ranking
1	Parque Moscoso	0,74	11
	Centro	0,73	14
	Santa Clara	0,68	18
	Vila Rubim	0,58	29
	Do Moscoso	0,44	59
	Forte São João	0,44	55
	Fonte Grande	0,34	75
	Piedade	0,3	76
Região	Bairros	IQU	Ranking
2	Universitário	0,55	33
	Do Quadro	0,52	40
	Santo Antônio	0,52	41
	Ariovaldo Favalessa	0,51	44
	Ilha do Príncipe	0,51	43
	Mário Cypreste	0,49	47
	Santa Tereza	0,49	49
	Caratoíra	0,48	50

continua...

...continuação.

Região	Bairros	IQU	Ranking
	Bela Vista	0,44	58
	Estrelinha	0,44	54
	Grande Vitória	0,44	57
	Inhanguetá	0,43	61
	Do Cabral	0,42	66
Região	**Bairros**	**IQU**	**Ranking**
3	Bento Ferreira	0,75	10
	De Lourdes	0,69	17
	Fradinhos	0,66	20
	Horto	0,66	22
	Jucutuquara	0,64	25
	Nazareth	0,64	24
	Consolação	0,59	28
	Ilha de Santa Maria	0,54	36
	Monte Belo	0,54	35
	Cruzamento	0,42	63
	Romão	0,39	69
	Jesus de Nazareth	0,37	70
	Gurigica	0,36	72
Região	**Bairros**	**IQU**	**Ranking**
4	Santa Cecília	0,71	15
	Maruípe	0,63	26
	Joana Darc	0,53	39
4	São Cristovão	0,53	38
	Tabuazeiro	0,5	45
	Andorinhas	0,49	48
	Itararé	0,47	52
	Santa Marta	0,47	51
	Santos Dumont	0,45	53
	Bonfim	0,42	62
	Da Penha	0,41	67
	São Benedito	0,2	79
Região	**Bairros**	**IQU**	**Ranking**
5	Santa Helena	0,84	1
	Ilha do Frade	0,81	3
	Ilha Bela	0,8	5
	Praia do Canto	0,8	4
	Barro Vermelho	0,78	7
	Santa Lúcia	0,77	8
	Enseada do Suá	0,75	9
	Santa Luiza	0,66	21
	Praia do Suá	0,53	37
Região	**Bairros**	**IQU**	**Ranking**
6	Mata da Praia	0,83	2
	Jardim da Penha	0,79	6
	Morada de Camburi	0,74	12

continua...

...continuação.

	Bairros	IQU	Ranking
	Jabour	0,69	16
	Pontal de Camburi	0,67	19
	República	0,65	23
	Antônio Honório	0,6	27
	Segurança do Lar	0,57	30
	Boa Vista	0,56	32
	Solon Borges	0,56	31
	Aeroporto	0,55	34
	Goiabeiras	0,52	42
	Maria Ortiz	0,5	46
Região	**Bairros**	**IQU**	**Ranking**
7	Comdusa	0,44	56
	São Pedro	0,43	60
	Santo André	0,42	65
	São José	0,42	64
	Redenção	0,4	68
	Resistência	0,37	71
	Nova Palestina	0,36	73
	Santos Reis	0,34	74
	Ilha das Caieiras	0,29	77
	Conquista	0,22	78
Região	**Bairros**	**IQU**	**Ranking**
8	Jardim Camburi	0,73	13

Fonte: (VITÓRIA, 2011d)

Analisando a localização dos telecentros instalados nas oito regiões administrativas de Vitória, podemos perceber uma grande variação no IQU desses equipamentos públicos que contrariam a justificativa para a implantação dos mesmos. Dessa forma, enquanto temos o bairro de São Benedito com o índice de 0.2, ocupando a 79º posição do ranking do IQU, também está presente o bairro Jardim da Penha com o índice de 0,79 e que possui a 6ª melhor posição do Índice de Qualidade Urbana.

Aprofundando essa análise, caso decomponhamos a tabela 3 em duas faixas, uma acima de 0,51 e outra igual ou abaixo de 0,50 de IQU, teríamos cinco bairros na faixa superior e dezessete na inferior. Caso a análise seja feita percentualmente, podemos afirmar que 25% do total de telecentros localizam-se em bairros com uma classificação no IQU igual ou inferior a 14ª, tendo esse último um índice de 0,73.

Quanto ao público-alvo dos telecentros, ele pareceu-nos indefinido e inconstante. Entre seus frequentadores podemos citar estudantes, trabalhadores em busca de emprego, donas de casa, idosos. Em relação aos seus objetivos, encontramos desde a inserção dos cidadãos na sociedade da informação até a preservação da cultura, passando pela indução ao crescimento na produção de emprego e renda.

Outra questão a ser levantada é a exigência de que o candidato a usuário dos telecentros se cadastre apresentando documento com foto e comprovante de moradia, o que já exclui pessoas sem documentação e sem moradia fixa. Além disso, ressaltamos a limitação do uso dos equipamentos em uma hora diária por usuário. Quando analisamos essas e outras barreiras ao acesso e permanência nos telecentros Casa Vitória, refletimos que esses dificultadores possam estar contribuindo para a baixa frequência das unidades, bem como justifique a celebração de convênio entre instituições com propostas tão díspares em termos de inclusão digital, como a PMV e o CDI.

Segundo a SETGER, o balanço realizado de janeiro a novembro do ano de 2009 aponta mais de 100 mil horas de acesso por mês com um total de 84.691 usuários. No mesmo ano, nos 22 telecentros foram aplicados cursos de informática básica, editor de textos e Internet para cerca de 800 pessoas. Levando-se em conta o número de beneficiados, os recursos alocados e as comunidades atendidas e as assimetrias de distribuição dos equipamentos, consideramos a abrangência desse programa bastante restrita. Se considerarmos a meta prevista no PPA 2010-2013 no qual o critério é unidades mantidas e/ou ampliadas, essa constatação é reforçada e indica uma redução no atendimento no período previsto pelo PPA (VITÓRIA, 2011e).

Desde o início da atual administração municipal (João Coser), é possível identificar o crescimento do número de telecentros ocorridos a partir do ano de 2006, quando da instalação do primeiro Casa Vitória, previsto no Planejamento Estratégico da Cidade 2002-2005 (VITÓRIA, 2003b). Segundo o relatório de gestão da PMV 2005-2007, ao final daquele período, o município passava a contar com 11 telecentros Casa Vitória, chegando ao número atual de 21 unidades no ano 2009. Ou seja, durante o período compreendido entre 2006 a 2009 houve um aumento significativo na ordem de 744%. A partir de 2010, o investimento nesse programa começa a declinar o que pode ser atribuído ao convênio firmado entre o CDI e a PMV, para que o primeiro seja responsável pela gestão dos telecentros.

Não encontramos informações sobre a existência de conselho de gestão, o que pode ter sido exercido pelo Conselho Municipal de Trabalho.

4.2.3 Casa Brasil

Não identificamos na legislação vigente previsão de oferecimento. Contudo, dentre os benefícios esperados, encontram-se desenvolvimento humano e econômico, participação, melhoria da qualidade de vida, acesso facilitado aos programas governamentais e disseminação do conhecimento; que se constituem em direitos assegurados pela Constituição Federal.

Tendo em vista os critérios para instalação da Casa Brasil em Vitória, consideramos que o programa, em sua proposta original possuía uma focalização bastante clara, considerando sua ênfase (comunidades de baixo IDH), a exigência de instalação de apenas uma unidade por município e o pequeno número de unidades instaladas no Estado (duas).

Consideramos que a proposta era a mais adequada no que se refere ao reconhecimento de que a inclusão digital pressupõe muito mais do que um computador e acesso à rede. Entretanto, com a mudança de concepção do Casa Brasil, instituída a partir da publicação do edital MCT/CNPq 49/2010 que cria a Rede de Extensão para Inclusão Digital (REID), o projeto passa por uma grande mudança de rumo. De um projeto que previa a possibilidade de articular vários órgãos do governo, otimizar recursos públicos, incluir a comunidade onde está inserida na gestão da unidade e possibilitar a produção de conhecimento pelos usuários, propõe-se agora uma apropriação privada de um bem público, ainda que para extensão ou pesquisa feita por uma Universidade ou Ifet.

Os motivos para essa metamorfose não estão bem explicados até o momento. Em entrevista, Marco Aurélio de Carvalho, coordenador da Casa Brasil, comenta que um dos problemas do Casa Brasil foi que as iniciativas que ganharam o edital "nem sempre estiveram em conformidade com o que o edital determinava [...] não prestando atenção em seus compromissos como fazer ação com a comunidade, adotar *software* livre, contribuir para a inclusão social" (CARVALHO, 2010). Já para Roosevelt Tomé Silva Filho, coordenador do Casa Brasil, outro fator foi a fragilidade do arranjo institucional que permitiu a criação do Casa Brasil, com um Comitê Gestor coordenado pela Casa Civil da Presidência da República, um Comitê Executivo coordenado pelo Ministério da Ciência e Tecnologia e uma secretaria executiva exercida pelo ITI. Porém, é preciso ressaltar que, dentre os programas analisados, esse apresenta avanços conceituais, especialmente ao considerar que a inclusão digital pressupõe muito mais que um computador e acesso à rede.

De acordo com reportagem (CASABRASIL, 2009) a proposta é implantar um novo modelo de parceria entre o parceiro estratégico local, no caso de Vitória a PMV, com Universidades e Institutos Federais de Educação, Ciência e Tecnologia (Ifets), para tornar o programa Casa Brasil um programa de extensão universitária. Pela proposta, as Universidades e Ifets seriam, na prática, os executores do programa. Estes irão receber os recursos e pagarão as bolsas a coordenadores e monitores, definindo com as comunidades as atividades a serem executadas para atender a população.

Nesse sentido, para o ano de 2011, o município de Vitória firmou parceria entre a Secretaria Municipal de Trabalho e Geração de Renda e o curso de Desenho Industrial da Ufes. Os alunos são coordenados pelo professor Hugo Cristo e integram o Núcleo de Interfaces Computacionais e Desenho Industrial da Universidade Federal do Espírito Santo (Ufes) (VITÓRIA, 2011e).

O público-alvo do programa, segundo o edital do projeto Casa Brasil (Brasil, 2005b), são áreas de exclusão social, com baixo IDH, de grande densidade populacional e com fácil acesso à população do entorno.

Embora o detalhamento das despesas com os programas Casa Vitória e Casa Brasil sejam apresentadas em conjunto, dificultando a análise do destino final dos recursos, é possível perceber, de acordo com a tabela abaixo, que até o ano de 2009 haja um crescimento dos gastos para os dois programas da PMV. A partir de 2010, há uma diminuição do volume de recursos, tendência que permanece no ano de 2011 com a alocação de R$2.181.000,00 para os dois programas.

Tabela 4 - Detalhamento da despesa por programa no período 2005-2010

Programa / Ano	2005	2006	2007	2008	2009	2010
Casa Vitória e Casa Brasil		405.640,00	2.431.312,00	2.343.750,00	3.022.000,00	2.400.000,00

Fonte: Orçamentos municipais (Vitória)

O programa previa, em seu projeto original, a necessidade de formação de um Conselho Gestor, com o propósito declarado de garantir a participação popular e comunitária. Na análise dos documentos selecionados, não encontramos referência à formação e funcionamento do referido Conselho.

4.2.4 Rede Vitória Digital

Não identificamos na legislação vigente previsão de oferecimento de acesso à Internet com sinal livre. No entanto, é necessário lembrar que a ampliação e a facilitação do acesso à Internet é uma das demandas da sociedade, haja vista o quadro de referência da campanha CRIS, que tem como um dos seus pilares a proposta de garantia de acesso equitativo e a preços razoáveis às NTICs. Todavia, é preciso ter em mente que, se o mercado tem "facilitado" o acesso às NTICs com o barateamento de custos mediante a expansão dos telefones celulares pré-pagos, há poucas experiências de tecnologias de acesso à Internet livres.

Embora, inicialmente, o programa objetivasse à liberação do sinal da Internet para 100% da população do município, sua universalização e as metas estabelecidas no PPA 2010-2013 indicam uma forte retração nos seus objetivos, na medida em que, nesse período, pretende atender 10% da população sem acesso à Internet por ano, de forma não cumulativa.

Ainda que o Vitória Digital seja um programa recente, o mesmo já encontra ameaças à sua continuidade, tendo em vista a decisão recente da ANATEL de que as prefeituras só podem prestar serviços de telecomunicações "de forma indireta, por meio de empresas públicas ou privadas, autorizadas para prestação do Serviço de Comunicação Multimídia (SCM)" (GUIA DAS CIDADES DIGITAIS, 2011). Dessa forma, prefeituras não podem oferecer gratuitamente acesso livre e direto à Internet de forma indiscriminada. Os projetos de inclusão digital com acesso à *web* devem ser restritos a locais públicos e espaços como escolas, hospitais e bibliotecas ou, então, a conexão à Internet deve ser provida por empresa pública ou privada contratada e com autorização da ANATEL para prestar o SCM.

Tendo como público-alvo a população sem acesso à Internet, a ênfase do programa Vitória Digital é promover a inclusão digital, apoio ao turista e o desenvolvimento econômico. Entretanto, conforme podemos perceber pela tabela 5, o sinal de Internet pública está presente em apenas um bairro com IQU inferior a 0,50, estando os demais localizados em áreas consideradas nobres da capital.

Tabela 5 - Distribuição da Rede Vitória Digital

Região	Localização	IQU	Ranking
07	Ilha das Caieiras	0,29	77º
06	Parque Pedra da Cebola	0,83	1º
03	Mercado São Sebastião	0,64	25º
03	Centro de Referência da Juventude	0,64	25º
04	Horto de Maruípe	0,63	26º
08	Jardim Camburi	0.73	13º

Fonte: elaborada pelo autor a partir dos dados do IQU e do *site* do SETGER (PMV)

Outro fato que chama a atenção do pesquisador é a distribuição desigual dos pontos de acesso à Internet pelas regiões do município de Vitória, verificando não só a ausência desses pontos nas regiões 1, 2 e 5, bem como a existência de dois pontos de acesso na região 3.

Ao analisarmos o PPA 2006/2009, pudemos perceber que o Vitória Digital não possuía rubrica ou vinculação de recurso. Contudo, a partir do orçamento municipal de 2008 até 2009, estão previstos recursos para o programa Nuvem Digital (Tabela 6), apresentando como meta de atendimento o percentual de 100% de acesso à Internet livre para a cidade.

Tabela 6 - Detalhamento da despesa por programa período 2005-2010

Programa \ Ano	2005	2006	2007	2008	2009	2010
Nuvem digital Vitória digital	-	-	-	2.000.000,00	864.900,00	- 500.000,00

Fonte: Orçamentos municipais.

A partir de 2010, mantendo objetivos semelhantes, o programa passa a ser designado Vitória Digital. Com a mudança de denominação e do desenvolvimento do projeto, percebeu-se uma redução dos objetivos da proposta inicial. Isso fica claro no PPA 2010/2013 que estabelece uma meta bem mais modesta de atendimento de 10% da população do município. Ou seja, a proposta inicial de oferecimento de sinal livre de Internet a 100% da população foi reduzida para 10%.

Quanto ao controle social não identificamos a existência de um órgão de gestão, ainda que tal função possa também ser desempenhada pelo Conselho Municipal do Trabalho.

Objetivando sintetizar as informações apresentadas até esse ponto da exposição, apresentamos a tabela 8, agrupando os programas, ênfase, público-alvo, coordenação/parcerias e ano de criação das ações desenvolvidas pela PMV no âmbito da inclusão digital.

Quadro 1 - Quadro síntese dos programas de inclusão digital do município

Programa	Ênfase	Público-alvo	Coordenação/ Parceiras	Criação
INFOVIT	Possibilitar a integração de inovação tecnológica às atividades didáticas, proporcionando aos alunos, à comunidade escolar e local o acesso à informática para a aquisição do conhecimento.	Alunos, comunidade escolar e local	Seme	1997

continua...

...continuação.

Programa	Ênfase	Público-alvo	Coordenação/ Parceiras	Criação
CASA VITÓRIA	Obter informações, serviços e oportunidades de negócios que induzam ao crescimento na produção de emprego e renda	Comunidades com baixo IQU	Setger/CDI	2005
CASA BRASIL	Implantar espaços multifuncionais de conhecimento e cidadania em comunidades de baixo IDH	Comunidades de baixo IDH	Setger/Ufes	2007
VITÓRIA DIGITAL	Promover a inclusão digital, apoio ao turista e o desenvolvimento econômico.	População sem acesso à Internet	Setger	2008

Fonte: Quadro elaborado pelo autor a partir do Plano Municipal de Educação 2001-2010 e *sites* dos programas.

Analisando a tabela acima a partir dos critérios estabelecidos, podemos perceber que o conceito de inclusão digital, presente nos programas desenvolvidos pela PMV, abrange uma ampla gama de objetivos que vão desde a integração das inovações tecnológicas às atividades até ao apoio ao turista. Nesse sentido, se assemelham às iniciativas do governo federal, com sua ampla variedade de objetivos.

Em relação ao público atendido, no geral, é composto de alunos e pais das escolas públicas municipais, comunidades com baixo IQU e comunidade de baixo Índice de Desenvolvimento Humano (IDH). Entretanto, como vimos no decorrer deste trabalho, muitas vezes o público-alvo previsto nos programas não é atendido de forma plena. E, ainda, frequentemente a oferta dos equipamentos e serviços tem atingido áreas/públicos que não se enquadram nos critérios dos programas.

Em relação à secretaria aos quais estão vinculados os programas de inclusão digital, com exceção do INFOVIT, eles atualmente encontram-se sob a coordenação da SETGER. Aqui registramos uma diferença significativa em relação às iniciativas do Governo Federal, pulverizadas entre diversos órgãos.

A ênfase das iniciativas municipais ocorre de forma mais significativa a partir de 2005, durante o governo Lula. No período de 2005 a 2008 são implementados os programas Telecentros Casa Vitória e o Casa Brasil. Em 2009, foi a vez do Vitória Digital, embora estivesse previsto no orçamento desde 2008, todos com indução e financiamento do governo federal.

Analisando os PPAs 2006-2009 e 2010-2013, o Programa de Inclusão Digital da PMV, no qual estão incluídos os programas Casa Brasil, Telecentros

Casa Vitória e Vitória Digital, apresenta a classificação funcional 14.422. De acordo com o Anexo IV, do manual de elaboração do PPA 2008-2011, no qual estão discriminadas as funções e subfunções de Governo, a função 14 refere-se aos Direitos da Cidadania e a subfunção 422 aos direitos individuais, difusos e coletivos (MPLOG, 2007). Na tabela abaixo, é possível visualizar a evolução e a origem dos recursos a essa rubrica orçamentária.

Tabela 7 - Evolução dos recursos relativos à Função 14 (Direitos da Cidadania) Subfunção 422 (Direitos Individuais, Coletivos e Difusos)

RECURSOS	2005	2006	2007	2008	2009	2010
Originários	_	225.640,00	2.249.271,00	4.278.350,00	3.758.300,00	2.070.000,00
Vinculados	_	180.000,00	182.041,00	65.400,00	128.600,00	830.000,00
Total	_	405.640,00	2.431.312,00	4.343.750,00	3.886.900,00	2.900.000,00

Fonte: Orçamentos municipais

A tabela acima permite observar que a maior parte dos recursos são originários e têm um crescimento expressivo a partir do ano de 2008. Esse crescimento pode ser explicado pela presença, nesse período, do programa Vitória Digital para o qual é alocado o valor de R$2.000.000,00. A partir de 2009, a alocação dos recursos decresce, coincidindo com a assinatura do convênio nº 001/2009 entre a PMV e o Comitê de Democratização da Informática (CDI) cujo objeto é a cooperação técnico-financeira para o gerenciamento do funcionamento da rede de Telecentros Casa Vitória, com prazo de vigência de 14 meses. Segundo a planilha de execução orçamentária do ano de 2010, o referido convênio repassou para o CDI nesse período o valor de R$1.721.674.00.

Tabela 8 - Detalhamento da despesa do programa inclusão digital no período 2005-2010

Programa / Ano	2005	2006	2007	2008	2009	2010
Infovit	2.667.000,00	114.800,00	3.294.337,00	4.283.152,00	4.459.700,00	2.824.000,00
Casa Vitória e Casa Brasil	_	405.640,00	2.431.312,00	2.343.750,00	3.022.000,00	2.400.000,00
Vitória Digital	_	_	_	2.000.000,00	864.900,00	500.000,00
Total	2.667.000,00	520.440,00	5.725.649,00	8.626.902,00	8.346.600,00	5.724.000,00

Fonte: Orçamentos municipais.

Embora a maioria dos programas estejam vinculados à SETGER, a princípio, eles parecem deslocados, pois, ainda que a PMV tenha em sua estrutura organizacional uma Secretaria de Cidadania e Direitos e Humanos, parte dos recursos destinados aos direitos coletivos, individuais e difusos não estão nela alocados.

Mesmo que tenhamos em mente que questões complexas como a inclusão digital e o direito à comunicação exijam soluções integradas, causou-nos estranheza sua localização na SETGER, considerando que os projetos de inclusão digital são classificados no PPA 2010-2013 no contexto do eixo estratégico em defesa da vida e dos direitos humanos, em tese, também mais ligados à Secretaria de Cidadania e Direitos Humanos.

Nos estudos realizados, identificamos a existência de alocação de recursos para iniciativas de inclusão digital a partir do ano de 2001 com a implantação do INFOVIT.

Em relação ao controle social, o mesmo é pouco presente nas iniciativas de inclusão digital da PMV. As ações desenvolvidas pela prefeitura constam no planejamento do governo Paulo Hartung (1993-1996). O plano denominado "Vitória do futuro", ao destacar a educação, inclui a informática como fator de melhoria da qualidade da educação sintonizada com as novas demandas do mercado de trabalho e formação do cidadão.

CONSIDERAÇÕES FINAIS

Conforme vimos no desenvolvimento deste trabalho, determinar o significado da expressão inclusão digital constitui-se uma tarefa necessária e complexa. Seja pelo problema conceitual que acompanha o termo inclusão, pressupondo a possibilidade de realizá-la numa sociedade que é, por definição, excludente, seja pela ambiguidade dos critérios levados em conta para estabelecer seus limites.

Numa primeira aproximação, a inclusão digital mais do que o simples acesso ao computador e à Internet, significa interagir no mundo das mídias digitais como consumidor e produtor de seus conteúdos e processos. Nessa perspectiva, estar incluído digitalmente pressupõe, além do acesso às NTICs, poder produzir, armazenar, processar e distribuir informações eletronicamente.

No domínio das habilidades para operar um computador e acessar a Internet, podemos perceber que ela possui três grandes limitações: não identifica a qualidade do acesso (velocidade da conexão, custo e tempo disponível para utilização das tecnologias), o nível de conhecimento do usuário em informática e suas diferentes formas de utilização possíveis, o que pode transformar o consumidor da informação em produtor de conteúdos.

Entretanto, a nosso ver, a expressão inclusão digital só ganha novas perspectivas caso a relacionemos com os direitos de 4ª geração, especificamente com o direito à comunicação. Dessa maneira, não podemos considerar incluído digital apenas aquele cujo acesso a um computador conectado à rede mundial de computadores seja garantido. Mais do que isso, incluir digitalmente pressupõe assegurar ao cidadão e às suas organizações coletivas o direito ao acesso às NTICs, na condição de emissores, produtores e difusores de conteúdo. Trata-se, na verdade, não só de garantir o acesso, mas de democratizar o poder de comunicar. Para isso, é necessário fortalecer os espaços públicos democráticos, estimulando a produção do conhecimento e sua disponibilidade de modo igualitário e acessível financeiramente. Além disso, é fundamental instituir um quadro legal e regulatório que favoreça a busca da universalização dos serviços e do acesso às NTICs, a participação efetiva da sociedade civil no processo de formulação, implementação e regulação de políticas de inclusão digital, bem como na construção de mecanismos permanentes de participação pública (CRIS, 2005).

Dessa forma, fica claro que pensar a inclusão digital apenas como a aquisição de *hardware* e *software* é uma forma de não enfrentar o problema na sua radicalidade. Não ter acesso à infraestrutura tecnológica é apenas um dos fatores que influencia a inclusão digital, mas não é o único, nem o mais relevante.

Conforme já comentado no desenvolvimento desta pesquisa, três principais focos destacam-se nos discursos e iniciativas públicas de inclusão digital.

O primeiro foco vincula a ideia de democracia à de igualdade, razões declaradas para justificar políticas públicas de inclusão digital. Tal enfoque vem associado às expressões como analfabetismo digital, nova desigualdade, *apartheid* digital e, claro, exclusão digital.

O segundo foco associa a ampliação da cidadania à formação de mão de obra para geração de emprego e renda. Dentre suas estratégias para incluir digitalmente, destacam-se os cursos e capacitações em informática básica e avançada, montagem e manutenção de computadores e navegação na Internet. Tais estratégias possuem um caráter instrumental e, mesmo que eventualmente possam gerar "inclusão", o fazem de maneira subalterna e incompleta. Subalterna porque, no geral, os usuários tendem a utilizar tal informação mediante o acesso a empregos precários, informais e, consequentemente, sem acesso aos direitos trabalhistas. Incompleta tendo em vista que, ao contrário do que apregoam os programas de inclusão digital, a pura inserção no mercado de trabalho não gera, por consequência, inclusão social, o que só seria possível em outro modelo de sociedade.

Finalmente, o terceiro foco dos programas de inclusão digital prioriza os jovens na sociedade da informação, sendo desenvolvidos especialmente nas escolas. Tal perspectiva confunde informação com conhecimento, sendo o conceito relacionado à capacitação tecnológica de caráter eminentemente instrumental. Tem seu foco no desenvolvimento de habilidades e conhecimentos mecânicos, num processo de aprendizagem voltados basicamente ao entendimento do funcionamento de *hardwares* e *softwares* e no uso de aplicativos e mecanismos de busca automatizada.

A distinção feita acima só é válida para efeito de uma exposição mais didática dos diversos focos de atuação, na medida em que esses se imbricam e se inter-relacionam. No caso do discurso da democratização, por exemplo, ele só pode ser compreendido se associado à participação significativa da sociedade civil.

No Brasil, à medida que cresciam as pressões da sociedade para a sensibilização do Estado em relação à temática das NTICs, eram elaboradas e implementadas as primeiras respostas na forma de políticas públicas, conforme vimos no capítulo 3. Contudo, a ambiguidade e as divergências dos conceitos dos diferentes atores envolvidos na defesa de diversos processos societários, acabaram por tornar pulverizadas essas políticas. No caso das políticas sociais, a resposta do Estado também aqui é fruto da tensão entre as pressões da sociedade e do capital.

Os problemas gerados pela pulverização das iniciativas e pela falta de políticas públicas consistentes para o setor não são poucos. Dentre os considerados mais graves podemos citar a distribuição desigual dos programas de inclusão digital, com grande número deles localizados na região Sudeste, a superposição de projetos e clientela gerando dispersão de recursos, a descontinuidade dos programas, o pequeno número de formandos em relação aos recursos investidos e a falta de articulação e objetivos comuns entre os programas.

Esses mesmos aspectos foram identificados nos programas desenvolvidos pela PMV: o INFOVIT, a Rede de Telecentros Casa Brasil, o Casa Brasil e a Rede Vitória Digital. Destacamos que eles podem ser classificados nos três focos vistos acima.

Em relação ao INFOVIT, consideramos que esse programa focaliza a inserção dos jovens na sociedade da informação mediante a educação pelas NTICs. É importante notar, entretanto, que a sua proposta inicial estabelecia uma relação direta com a formação de mão de obra para o mercado de trabalho, deixando transparecer, conforme já citado, a dificuldade de limitá-lo a um dos enfoques presentes nos atuais discursos e iniciativas de inclusão digital.

Já o Rede Telecentros Casa Vitória, embora também de difícil delimitação em relação ao foco do programa, parece-nos priorizar a questão da empregabilidade. Um dos motivos para essa opção está no fato de que os telecentros tornaram-se referência na busca de colocação ou qualificação por parte dos trabalhadores desempregados. Outro motivo é que pelos Telecentros Casa Vitória pode-se acessar o Portal Mais Emprego, do Ministério do Trabalho e Emprego (MTE). Além disso, a inscrição dos candidatos ao programa Jovem Aprendiz, também se realiza nesses locais. Dessa forma, embora não seja ligado à formação de mão de obra, entendemos que ele oferece basicamente infraestrutura tecnológica para a reprodução do capital. Nesse sentido, pode ser compreendido no contexto do segundo foco.

Levando-se em consideração a categorização apresentada, o projeto Casa Brasil é o que mais aproxima o conceito de inclusão digital ao direito à comunicação. Pelo menos em sua configuração original, o programa tinha um objetivo bastante ambicioso embora problemático: fomentar a inclusão social por meio da inclusão digital. Por outro lado, articulava os três aspectos levantados (educação, formação de mão de obra e ampliação da cidadania), ainda que não se atrelasse de forma mecânica a nenhum deles. Nesse aspecto, aproxima-se dos quatro pilares do quadro genérico do direito à comunicação desenvolvidos pela Campanha Cris: trata-se de fato de uma série de direitos que devem ser considerados em conjunto, numa visão de complementariedade e indivisibilidade. Finalmente, dentre os programas analisados foi o único que, já em seu edital de convocação, prevê o controle social. Para isso, cada unidade Casa Brasil tem, dentre suas atribuições, a organização de um Conselho Gestor para a administração do espaço com a participação da comunidade.

O projeto Rede Vitória Digital é aquele que mais encontramos dificuldade para incluí-lo em uma das categorias analisadas. Um dos motivos é que, diferentemente dos outros programas analisados, o Vitória Digital tem objetivos pouco claros, muito abrangentes e dispares: promover a inclusão, o apoio ao turista e o desenvolvimento econômico por meio de uma rede pública de acesso à Internet.

Outro aspecto na análise do Vitória Digital é a dificuldade de estabelecer seus critérios de elegibilidade na instalação de acesso livre à Internet, o que pode ter relação com a mudança de sua abrangência no decorrer de sua implementação. Além disso, nos bairros onde está instalado, para acessar o sinal distribuído é necessário um computador de mesa ou *notebook*, telefone e, de preferência, um roteador *wireless*; o que nos parece uma contradição, na medida em que incluiria os já incluídos.

Ao analisarmos o programa de inclusão digital da PMV a partir da metodologia proposta por Boschetti (2007) concluímos que:

Em relação ao caráter dos programas analisados, o INFOVIT tende à sua universalização e também é o único que, ainda que de forma limitada, é reclamável como direito inscrito em lei. No que se refere à sua sistematicidade e periodicidade, tendo em vista a sua longevidade e permanência no programa de inclusão digital da PMV, independente dos gestores municipais eleitos, ele sinaliza ter se tornado uma política de Estado e não de governo. Em relação ao público-alvo do programa, o mesmo é bem definido, não se desviando de seus objetivos no decorrer de sua existência. Quanto ao financiamento, possui previsibilidade crescente de recursos ordinários de 2002 a 2008. A partir do ano de 2009, entretanto, há uma queda bastante significativa dos recursos de forma geral e, particularmente, dos recursos ordinários. Não foi possível, até o momento do término desta dissertação, identificar os motivos de tal deslocamento, assim como a origem dos recursos vinculados repassados no Portal da Transparência do Governo Federal ou no Tribunal de Contas do Estado.

Ao contrário do que ocorre no desenvolvimento das políticas sociais, em especial as de assistência, não identificamos nesse programa terceirização das atividades para organizações da sociedade civil, contudo, identificamos a presença do Governo Federal no programa em análise. Inicialmente ele foi o grande indutor e financiador das iniciativas de informatização das escolas dos municípios, ainda que a gestão do PROINFO fosse estadual. Após a aprovação da Lei de Diretrizes e Bases da Educação em 1996, há uma clara retração do papel do governo federal com o município, que passa a ser o protagonista na condução desse processo. Tal protagonismo pode ser percebido pelo fato de que, a partir do ano seguinte, 1997, temos o lançamento pela PMV do INFOVIT. Esse período, que se estende até 2008, sofre uma grande inversão no que se refere à classificação dos recursos. O valor dos recursos ordinários passou de um montante de R$3.933.152,00, em 2008, para R$524.000,00, em 2010. Já os recursos vinculados passam de R$350.000,00 para R$2.300.000,00 no período de 2008 a 2010. Até a conclusão desta dissertação não foi possível verificar as causas desse processo.

Inicialmente instalado como Telecentros de Informação e Negócios (TIN), do Ministério do Desenvolvimento Indústria e Comércio (MDIC), o projeto Casa Vitória atrai grande número de trabalhadores interessados em cursos e colocação no mercado de trabalho. Embora o direito ao trabalho esteja inscrito na ordem jurídica vigente, a sua garantia contradiz a lógica do sistema capitalista. Tendo essa parcela da população como seu foco principal de atuação não é, por esse motivo, universalizável. Além disso, não identificamos na legislação vigente previsão de exigibilidade de equipamentos de acesso às tecnologias de informação e comunicação para uso público e gratuito. Quanto ao seu público-alvo, ainda que conste nos documentos consultados como critério de instalação os bairros de menor IQU, constatamos que há uma grande desigualdade na instalação do projeto Casa Vitória pelos bairros e regiões de Vitória, ou seja, 25% deles estão instalados em áreas consideradas nobres, o que contraria os pressupostos do projeto e indica, em parte, uma inclusão às avessas. Iniciado em 2006, com cinco anos de funcionamento à época da pesquisa, ainda não é possível falar na perspectiva de continuidade em outras administrações. Contudo, durante o período de funcionamento analisado, o programa contou com verbas em volume crescente até 2009. No ano de 2010, entretanto, há uma queda de 20% dos recursos. Não há indicações sobre a existência de um conselho de gestão associado ao projeto Casa Vitória, embora essa atribuição possa ter sido desempenhada pelo Conselho Municipal do Trabalho, o que não foi verificado por ultrapassar os limites desta dissertação. A partir de 2009, sua gestão passou para o âmbito da organização não governamental CDI, mediante celebração de convênio com a PMV. Podemos perceber que dois aspectos do Casa Vitória aproximam-nos das políticas sociais: a ênfase na formação de mão de obra e a parceria com organizações não-governamentais.

Com o objetivo declarado visando fomentar a inclusão social via inclusão digital em área de baixo IDH de Vitória, o projeto Casa Brasil teve início no ano de 2007. O projeto original previa um espaço comunitário, gratuito e de acesso irrestrito, funcionando como um centro de aperfeiçoamento tecnológico, divulgação científica, ciência, cultura e lazer (MCT et al., 2005). A partir de 2009, é desenvolvido pela PMV em parceria com a comunidade que cede o espaço, e com o CDI que administra o Telecentro. Em relação ao financiamento do programa, ele seguiu a mesma tendência do Casa Vitória. Até o término desta dissertação, não conseguimos dados sobre o funcionamento do Conselho Gestor do Casa Brasil em Vitória e também sobre a continuidade ou não da rádio.

Implantado em 2008, o Vitória Digital pretendia inicialmente cobrir 100% do município de Vitória com sinal livre de Internet. Com o decorrer do tempo, essa meta foi fixada em 10% da população sem acesso à Internet, conforme pode ser visto no PPA 2010-2013. Em relação ao público-alvo do programa, o mesmo tem o critério mais vago possível, podendo ser utilizado para abertura de sinal livre em feiras ambientais e desfiles de carnaval. Destaca-se o fato de as antenas instaladas localizarem-se em 72% em áreas com alto IQU. Excetuando-se os dois locais que serviram como projeto-piloto do programa, no ano de 2011, todos os outros cinco pontos do Vitória Digital, em parques, mercados e no Centro de Referência da Juventude (CRJ), possibilitam o acesso de um público que já possui acesso à Internet, criando um processo de inclusão dos já incluídos.

Quanto ao financiamento, o programa, após um grande investimento inicial (R$2.000.000,00), teve seu orçamento reduzido, atingindo R$500.000,00 em 2010. Para o ano de 2011, entretanto, segundo o orçamento municipal, está prevista a maior alocação de recursos da história do projeto no montante de R$2.751.000,00. Tal aumento de recursos causa-nos estranheza, tendo em vista que, como vimos, a proposta de distribuição gratuita enfrenta resistência da própria ANATEL.

Após concluirmos esta dissertação, processo sempre provisório e aberto, consideramos que os programas de inclusão digital são ferramentas fundamentais para a expansão e para o processo de valorização do capital, ao formar mão de obra nos parâmetros necessários à sua exploração com baixos custos, possibilitando a expansão dos mercados.

Nesse sentido, as redes digitais, às quais os incluídos digitais passarão a conectar-se, são uma forma de aceleração do giro de mercadorias para quaisquer setores, possibilitando ao capital baixar os custos envolvidos nas trocas econômicas, reduzindo e alterando a dinâmica do fator tempo, o que faz com que o ato da compra se dê antes da produção e da entrega, ou seja, permite que a empresa receba o pagamento antecipado, minimizando a necessidade de capital de giro.

De modo geral, os programas de Inclusão digital também fornecem ao capital mão de obra padronizada e treinada para a execução de tarefas simples, porém fundamentais para a criação do que Antunes (2009) chamou de "Infoproletários". Nesse particular, eles reduzem o valor de determinada qualificação ao torná-la mais abundante para as empresas. Além disso, os custos de formação de mão de obra também são reduzidos porque boa parte dos investimentos no treinamento para a utilização NTICs é financiada pelo governo ou por instituições do terceiro setor.

O raciocínio é de que quanto maior a oferta de determinada qualificação menor será o valor unitário pago pelo trabalho realizado. A tendência histórica é de que o valor de troca de certos tipos mais básicos de conhecimentos informáticos, como a manipulação de *browsers* e processadores de texto, exatamente aqueles que, grosso modo, são fornecidos pelos programas de inclusão digital, seja tendencialmente decrescente. Nesse sentido, as iniciativas de inclusão digital guardam similaridade com as políticas sociais desenvolvidas no governo Getúlio Vargas, com a criação do SENAI E SENAC e durante a ditadura militar, com a instituição do PND.

Dessa forma, a ideia dominante de inclusão digital como forma de realização da inclusão social pelo trabalho, por exemplo, é uma justaposição mecânica que, justificada por um discurso igualitário, desconsidera os fatores contextuais nos quais se dá essa "inclusão". Nos discursos e práticas de inclusão digital, o acesso aos computadores é tomado como sinônimo de ascensão social ou de participação sociopolítica efetiva, quando, na verdade, a informatização generalizada do cotidiano (notadamente para as camadas de baixa renda, alvo principal dos programas de inclusão digital) não faz senão reforçar as estruturas de subordinação e uma inclusão subalterna. Essa é uma questão preocupante quando se considera a força da indústria da informação e comunicação na construção de uma hegemonia de sentido.

Todavia, há uma dialética presente nos programas de inclusão digital, uma vez que, ainda que essas iniciativas promovam a formação da mão de obra necessária para o mercado de trabalho (capitalista), também criam um espaço de socialização de experiência de vida e saberes capazes de desenvolver uma consciência da própria condição na qual se encontram esses sujeitos, fato cada vez mais raro em uma sociedade individualista, consumista, fragmentada e competitiva. Nesse aspecto, é importante recuperar e divulgar o ideário de movimentos como a campanha CRIS e do coletivo Intervozes, buscando ampliar e qualificar as demandas pelo direito à comunicação.

Nessa dimensão, é possível afirmar que há uma política de inclusão digital da PMV? Essa política pode ser considerada uma política social?

Os programas de inclusão digital da PMV são uma resposta do Estado, uma tentativa de responder às demandas do capital e do trabalho, pela incorporação de novas tecnologias de informação e comunicação. Contudo, pelas questões levantadas, não podemos tratá-la como uma política em sentido estrito. Embora tais programas busquem delimitar objetos e zonas de intervenção, elas requerem sistematicidade, continuidade no tempo e previsibilidade de recursos necessários ao desenvolvimento de políticas públicas, conforme afirma Pereira (2008). Isso porque o Governo Federal ainda desempenha um papel fundamental na indução e financiamento das iniciativas e qualquer mudança na estrutura de poder pode alterar significativamente e até mesmo extinguir projetos federais desenvolvidos em nível municipal.

Um exemplo é o Casa Brasil Vitória que, desde seu início sofreu várias alterações de parceiros federais, financiadores e, por fim, um amplo deslocamento dos seus objetivos iniciais. Assim, consideramos a dificuldade de uma política autônoma de inclusão digital por parte da PMV, em função da constituição do nosso pacto federativo. Nesse caso, a semelhança com os programas sociais como o Bolsa Família ou o Programa de Educação Tutorial (PET) é inequívoca.

Dessa forma, embora as iniciativas de inclusão digital possuam diversos pontos de contato com as políticas sociais contemporâneas, como a descentralização, focalização (ainda que às avessas), celebração de parcerias (mesmo em número reduzido) e a privatização, entendemos não ser possível afirmar que as iniciativas de inclusão digital, tanto do governo federal quanto do governo municipal, sejam políticas sociais. Porém, o que mais chama a atenção é a própria ambiguidade, quando não impossibilidade, da "inclusão", seja digital ou social, conforme discutido na introdução e no desenvolvimento desta conclusão.

Nem a inclusão digital nem o direito à comunicação constituem-se na atualidade em direitos inscritos no ordenamento jurídico vigente, não podendo, portanto, ser reclamáveis. Além disso, a sociedade também não se fez presente nesse debate. Por isso, podemos afirmar que a sociedade ainda não se mobilizou para ampliar sua representatividade, seu poder de decisão e as condições para exercer o controle sobre os atos e decisões do governo. Exemplo claro dessa falta de mobilização pode ser encontrado na dificuldade de realizar as conferências de comunicação durante o ano de 2010, dificuldade essa agravada pela avalanche de críticas da mídia.

Uma mídia concentrada, seja em nível nacional ou estadual, nas mãos de um grupo de famílias que decide não só as informações, como também a quantidade e profundidade delas.

Além disso, a emergência recente do tema e a necessidade de lutar pela garantia de direitos básicos já inscritos em lei, mas ainda não exercidos de forma plena como educação, saúde e segurança, tornam a visibilidade da questão do direito à comunicação ainda pouco presente nos debates cotidianos.

Outro aspecto a ser levantado é a apresentação das iniciativas de inclusão digital, ressaltando apenas a sua dimensão tecnológica relativa a *hardwares* e *softwares* e seu caráter instrumental como estratégia de formação de mão de obra para o mercado de trabalho. Nesse aspecto, cabe ressaltar que, ao final deste trabalho, consideramos que poucas iniciativas de inclusão digital têm a perspectiva do direito à comunicação e da formação de um sujeito como produtor de conhecimento. Em outras palavras, uma perspectiva de cidadania plena.

Compreendendo que a concretização dos direitos não se limita à sua inscrição no ordenamento jurídico vigente e reconhecendo a dinamicidade do processo de construção dos direitos da cidadania, é preciso, assim, reconhecer que se trata de um processo.

Embora haja um grande caminho a ser percorrido até que o direito à comunicação seja reconhecido como um direito humano, alguns passos começam a ser dados. Um deles foi a de uma resolução da ONU reconhecendo o acesso à Internet como direito humano, o que vai permitir que o mesmo seja prescrito nos ordenamentos jurídicos de cada país, tornando-os reclamáveis pelos cidadãos. Entretanto, é preciso destacar que apenas o acesso à Internet não garante que o cidadão torne-se produtor de conhecimento.

No Brasil, após longo período de reivindicação dos defensores na área de inclusão digital e direito à comunicação, foi criada a Secretaria de Inclusão Digital no âmbito do Ministério das Comunicações no final do mês de maio de 2011. Com a criação da referida Secretaria, que tem status de Ministério, a expectativa é que tenhamos um Plano Brasileiro de Inclusão Digital, evitando sobreposição de programas, desperdício de recursos e ações que têm como foco uma mesma parcela da população. Outro avanço a ser salientado nessa direção é o início da implantação do PNBL em 2011, que oferecerá à população Internet banda larga de 1 MB a R$35,00.

Ao final deste trabalho, consideramos que embora não possamos falar, em sentido restrito, de inclusão digital numa sociedade excludente, os esforços desenvolvidos pelos programas de inclusão digital e pelos defensores do direito à comunicação não podem ser considerados inúteis. É necessário, portanto, repensar as políticas e os programas de inclusão digital para além da instalação da infraestrutura física e do viés tecnológico. Da mesma forma, é fundamental colocar em novos termos a correlação de forças no campo entre o público e o privado, com o segundo definindo o que é inclusão digital, tipo e limites da inclusão digital. Exemplo dessa correlação de forças é o recente entendimento de que o poder público não pode oferecer acesso à Internet de forma gratuita, necessitando constituir uma empresa para tal fim ou licitar esse serviço através do mercado. Fica então a pergunta: quem vai prover o acesso à Rede Vitória Digital?

Avançar na direção da conquista do direito à comunicação como política social não é tarefa das mais fáceis, haja vista o desencantamento da sociedade civil com os processos de participação, democratização e controle social tanto da mídia quanto do Estado.

Mas é preciso acreditar que outro mundo seja possível, que não chegamos ao fim da história e que a democracia, a igualdade e a liberdade, numa sociedade onde cada vez mais os pilares da regulação colonizam os da emancipação (SANTOS, 2003), só podem ser exercitadas se houver direito a uma comunicação linear, não hierárquica, livre e que garanta o acesso e a transparência das informações.

REFERÊNCIAS

AFONSO, Carlos A. **A internet no Brasil:** o acesso para todos é possível? São Paulo: Friedrich Ebert Stfitung. Policy Paper, n. 26, 2000.

ALEGRE, Alan; O'SIOCHRU, Sean. Direitos da comunicação. In: **Desafios de palavras:** enfoques multiculturais sobre as sociedades da informação. France: C&F éditions, 2005.

ALENCAR, M. M. T. de. O trabalho do assistente social nas organizações privadas lucrativas. In: **Serviço social:** direitos sociais e competências profissionais. CFESS, ABEPSS e UNB, 2009.

ALMEIDA, João F. (2000). Inovação e atitude cultural. Presidência da República Portuguesa (Org.). **Sociedade, tecnologia e inovação empresarial.** Lisboa: Casa da Moeda.

ANDERSON, Perry. **O Pós-neoliberalismo:** as políticas sociais do estado democrático. São Paulo: Paz e Terra, 1995.

ANDRADE, R. A. de. **O enfrentamento da questão social e o olhar do assistente social sobre sua inserção nas ONGs.** Dissertação (Mestrado em Serviço Social) – Programa de Pós-Graduação em Serviço Social, Universidade Federal do Rio de Janeiro, Rio de Janeiro, 2004.

ANDREWS, Cristina; KOUZMIN, Alexander. Dando nome à rosa: o discurso da nova administração pública no contexto brasileiro. In: **Seminário internacional de reestruturação e reforma do Estado:** o Brasil e a América Latina no processo de globalização. FEA/FIA/USP. São Paulo, 1998.

ANTUNES, Ricardo. **Adeus ao trabalho?** Ensaios sobre a metamorfose e a centralidade do mundo do trabalho. São Paulo: Cortez, 2006.

ANTUNES, Ricardo; BRAGA, Ruy. **Infoproletariados:** degradação real do trabalho virtual. São Paulo: Boitempo editorial, 2009.

ARRIGHI, Giovanni. **O longo século XX:** dinheiro, poder e as origens do nosso tempo. Rio de Janeiro: Contraponto, 2003.

ASSUMPÇÃO, Rodrigo Ortiz. **Além da inclusão digital:** o projeto sampa. org. USP, São Paulo, 2001. (Dissertação de Mestrado)

ARRETCHE, Marta. Tendências no estudo sobre avaliação. In: RICO, Elizabeth Melo. **Avaliação de políticas sociais:** uma questão em debate. São Paulo: Cortez, 2007, p. 29-49.

BAGGIO, Rodrigo. A sociedade da informação e a infoexclusão. **Ci. Inf.**, Brasília, v. 29, n. 2, p. 16-21, maio/ago., 2000.

BALBONI, Mariana Reis. **Por detrás da inclusão digital:** uma reflexão sobre o consumo e a produção da informação em centros públicos de acesso à Internet no Brasil. USP: Brasil, 2007. (Tese de Doutorado)

BARDIN, Lawrence. **Análise de conteúdo**. Lisboa: Edições 70, 1995.

BARRETO, Raquel Goulart. **Discursos, tecnologias e educação**. Rio de Janeiro, Ed UERJ, 2009.

BEHRING, Elaine. Principais abordagens teóricas da política social e da cidadania. In: **Capacitação em serviço social e política social**. Módulo 3. Brasília, UNB/CEAD, 2000.

BEHRING, E.R; BOSCHETTI, I. **Política Social:** fundamentos e história. 3. ed. São Paulo: Cortez, 2007.

BEHRING, Eliane Rosseti. **Brasil em contrarreforma:** desestrutura do Estado e perda de direitos. São Paulo: Cortez, 2003.

BOSCHETTI, Ivanete. Avaliação de políticas, programas e projetos sociais. **Serviço social:** direitos sociais e competências profissionais. 2007. Disponível em: <http://www.prof.joaodantas.non.br >. Acesso em: 17 abr. 2010.

BRAGA, Ruy. Luta de classe, reestruturação produtiva e hegemonia. In: KATZ, Cláudio; BRAGA, Ruy; COGGIOLA, Osvaldo. **Novas tecnologias:** crítica da atual reestruturação produtiva. São Paulo: Xamã, 1995.

BRASIL. Constituição (1988). **Constituição [da] República Federativa do Brasil**. Brasília: Senado Federal, 1988. Disponível em: <http:// www.planalto.gov.br/ccivil_03/constituicao/constituiçao.htm>. Acesso em: 03 jan. 2010.

_____. Ministério da Ciência e Tecnologia. **Casa Brasil**. Disponível em: <http://www.casabrasil.gov.br/index.php?option=com_content&task=view&id=275&Itemid=74>. Acesso em: 10 abr. 2011a.

_____. Ministério do planejamento, orçamento e gestão. Secretaria de logística e tecnologia de informação (SLTI). **Balanços e perspectivas da inclusão digital**. jan. 2003 a ago. 2006.

_____. Presidência da República (Fernando Henrique Cardoso). **Plano Diretor da Reforma do Aparelho do Estado**. Brasília: Presidência da República, Câmara da Reforma do Estado. Ministério da Administração Federal e Reforma do Estado, 1995.

_____. Ministério das Comunicações. **Plano Nacional de Banda Larga**. Brasília, 2011b.

_____. Ministério das Comunicações. **Plano de metas de universalização de telefonia fixa comutada**. Brasília, 1996.

_____. Ministério da Educação. **Programa de informática educativa**. (ProInfo). Brasília, 1997. Disponível em: <www.proinfo.gov.br>. Acesso em: 31 jul. 2002.

_____. Ministério do Planejamento, Orçamento e Gestão. Secretaria de Investimento e Planejamento Estratégico. **Manual de elaboração do plano plurianual 2008-2011**. Brasília, 2007.

_____. Ministério das Comunicações. **Comitê técnico de inclusão digital**. Brasília, 1996.

_____. **Programa de informática educativa**. (ProInfo). Brasília, 1997. Disponível em: <www.proinfo.gov.br>. Acesso em: 31 jul. 2009.

_____. Ministério da Educação. **Portaria nº 522, de 9 de abril de 1997**. Cria o Programa Nacional de Informática na Educação. Brasília, 1997.

_____. Ministério das Comunicações. **Exposição de motivos nº 231, de 10 de dezembro de 1996**. Brasília, 1996.

_____. Conselho Nacional de Desenvolvimento Científico e Tecnológico. **Projeto Casa Brasil**. Brasília, 2005a.

_____. **Edital MCT 41/2005 de 21 de junho de 2005.** Seleção pública de projetos de pesquisa e desenvolvimento em tecnologia da informação. Brasília, 2005b.

BRAVO, Maria Inês Souza; PEREIRA, Potyara Amazoneida Pereira. **Política social e democracia.** 4. ed. São Paulo: Cortez: Rio de Janeiro; UERJ, 2008.

BULLA, L. C. Relações Sociais e Questão Social na Trajetória Histórica do Serviço Social. In: **Textos & contextos (*online*)**, Porto Alegre / RS, v. 02, p. 4-19, 2003.

BURCH, Sally. Sociedade da informação/sociedade do conhecimento. In: PEUGEOT, Valérie; AMBROSI, Alain. **Desafios de palavras:** enfoques multiculturais sobre as sociedades da informação. France: C&F éditions, 2005, p. 50-72.

CABRAL Eula Dantas Taveira; CABRAL FILHO, Adilson Vaz. Não começou em Genebra, não vai terminar em Túnis: desafios a partir das organizações da sociedade civil para concretizar a sociedade da informação e do conhecimento. **Revista Acadêmica do Grupo Comunicacional de São Bernardo.** ano 1, n. 2, jul./dez. 2004.

CARDOSO, Fernando Henrique. **Mãos à obra, Brasil.** Centro Edelstein de Pesquisas Sociais. Coleção Biblioteca Virtual de Ciências Humanas. Rio de Janeiro, 2008.

CARVALHO, Maria do Carmo Brandt. Gestão social: alguns apontamentos para o debate. In: **Gestão social:** uma questão em debate. RICO, Elizabeth de Melo e DEZENSJAJN, Raquel Raquelis. São Paulo: EDUC: IEE, 1999.

_____. _____. In: RICO, E.M; DEGENZAJN, Raquel R. **Gestão social:** uma questão em debate. São Paulo: Educ. 1999, p. 19-29.

_____. Avaliação participativa – uma escolha metodológica. In: RICO, Elizabeth Melo. **Avaliação de políticas sociais:** uma questão em debate. São Paulo: Cortez, 2007, p. 87-95.

CARVALHO, Marco Aurélio. Os novos rumos da Casa Brasil. **Revista A Rede.** n. 57, abr. 2010. Entrevista concedida a Patrícia Comils.

CASA BRASIL vai se transformar em projeto de extensão universitária. **Revista A Rede.** 2009. Disponível em: <http://www.arede.inf.br/inclusao/component/content/article/106-acontece/2518-casa-brasil-vai-se-transformar-em-projeto-de-extensao-universitaria>. Acesso em: 27 jun. 2010.

CASSINO, João. Cidadania Digital: os telecentros do município de São Paulo. In: **Software livre e inclusão digital.** SILVEIRA, Sérgio Amadeu e CASSINO, João (Orgs.). São Paulo: Conrad Editora do Brasil, 2003, p. 49-62.

CASTEL, Robert. As armadilhas da exclusão. In: **Desigualdade e questão social.** BELFIORE-WANDERLEY, Mariângela; BÓGUS, Lúcia; YASBECK, Maria Carmelita. São Paulo: EDUC, 2004.

_____. **As metamorfoses da questão social:** uma crônica do salário. Petrópolis: Vozes, 2003.

CAZELOTO, Edilson. **Inclusão digital:** uma visão crítica. São Paulo: Editora Senac São Paulo, 2008.

CHAGAS, E. **Incluir onde?.** Disponível em: <www.prefeitura.sp.gov.br/sid/artigos\01.hml>. Acesso em: 20 jul. 2004.

CHESNAIS, Francois. **A mundialização do capital.** São Paulo: Xamã, 1996.

COIMBRA, Marcos. Abordagens teóricas ao estudo das políticas sociais. In: Abranches, S. et alii. **Política social e combate à pobreza.** Rio de Janeiro: Zahar, 1987.

CGI.Br. PESQUISA SOBRE O USO DAS TECNOLOGIAS DA INFORMAÇÃO E DA COMUNICAÇÃO NO BRASIL 2009 **TIC Domicílios e TIC Empresas 2009.**

CORRÊA, Vera. **Globalização e neoliberalismo:** o que isso tem a ver com você, professor? Rio de Janeiro: Quartet, 2000.

COUTINHO, C.N. **Gramsci:** um estudo sobre seu pensamento político. Rio de Janeiro: Campus, 1989.

COUTO, B. R. **O direito social e a assistência social na sociedade brasileira:** uma equação possível? 3. ed. São Paulo: Cortez, 2008, p. 33-177.

CRUZ, Sebastião C. Velasco. Instituições Internacionais e reforma neoliberal. In: ESTEVES, Paulo Luiz. **Instituições internacionais:** segurança, comércio e integração. Belo Horizonte: PUC Minas, 2003, p. 353-375.

CUNHA, Edith da Penha; CUNHA, Eleonora Schettini. Políticas públicas sociais. In: **Políticas públicas**. CARVALHO, Alysson et al. Belo Horizonte: Ed. UFMG, 2002.

DANTAS, Marcos. Trabalho e informação: para uma abordagem dialética. **Revista de Economia Política de Las Tecnologias de La Información e y Comunicatión Volumen XII**, n. 1, enero abril de 2010. Disponível em: <http://www.eptic.com.br/eptic_pt/interna.php?c=18>.

_____. **A lógica do capital-informação:** a fragmentação dos monopólios e a monopolização dos fragmentos num mundo de comunicações globais. Rio de Janeiro: Contraponto, 2002.

DEGENNSZAJH, Raquel Raichelis. Desafios da gestão democrática das políticas sociais. In: Universidade de Brasília. Centro de Educação Aberta, Continuada a distância. **Capacitação em serviço social e política social.** Brasília: UNB, Centro de Educação Aberta, Continuada a distância, 2000, p. 58-57.

DIAS, Lia Ribeiro. **Inclusão digital:** com a palavra a sociedade. São Paulo: Plano de Negócios, 2003.

DINIZ, Eli. **Globalização, reforma do Estado e teoria democrática contemporânea**. São Paulo. Perspectiva. v. 15, n. 4, São Paulo, out./dez., 2001.

DUARTE, Newton. **Sociedade do conhecimento ou das ilusões?** São Paulo: Autores Associados, 2003.

_____. As pedagogias do "aprender a aprender" e algumas ilusões da assim chamada sociedade do conhecimento. **Revista Brasileira de Educação**. Rio de Janeiro, n. 18, p. 35-40, 2001.

EISENBERG, José. CEPIK, Marco (Orgs.). **Internet e política:** teoria e prática da democracia eletrônica. Belo Horizonte: UFMG, 2001.

ESTANQUE, Elísio. **Desafios e obstáculos ao desenvolvimento tecnológico em Portugal:** uma abordagem sociológica das implicações sócio-organizacionais da tecnologia. Coimbra: Oficina do Centro de Estudos Sociais, 2002. Disponível em: <HTTP://www.ces.fe.uc.pt/publicações/oficina/168/168.pdf>. Acesso em: 24 jun. 2010.

ESPIRÍTO SANTO. Secretaria Estadual de Educação. GEIA/SEE. **Censo escolar 2009**. Vitória, 2009.

FALEIROS, Vicente de Paula. Natureza e desenvolvimento das políticas sociais no Brasil. In: **Capacitação em serviço social e política social**. Módulo 3. Brasília, UNB/CEAD, 2000.

_____. **O que é política social**. São Paulo: Brasiliense. Coleção Primeiros Passos. 5. ed., 1991.

FERNANDES, Márcia Regina de Oliveira. **As tecnologias no imaginário e no cotidiano dos professores**. Rio de Janeiro: 2008. Dissertação (Mestrado em Educação). Programa de Pós-Graduação em Educação. Universidade Estadual do Rio de Janeiro. 134 f.

FREDERICO, C. Classe e Lutas sociais. In: **Conselho Federal de Serviço Social** (Org.). Serviço Social, Direitos Sociais e Competências Profissionais. Brasília: Conselho Federal de Serviço Social, 2009, v. 1, p. 255-266.

FRIEDMAN, Milton. **Capitalismo e liberdade**. São Paulo: Nova Cultural, 1973.

FONTES, Virginia. Capitalismo, exclusões e inclusões forçadas. **Revista Tempo Social**. v. 2, n. 3. Rio de Janeiro, Relume-Dumará/Depto. História da Universidade Federal Fluminense. jun., 1997.

GAVA, Domingos Sávio. Rede Vitória Digital, ferramenta de inclusão para construção da cidadania. Vitória, **Revista da Prefeitura de Vitória**, ano I, n. 1, p. 91-94, dez., 2010.

GENTILLI, Pablo. Adeus à escola pública: a desordem liberal, a violência do mercado e o destino da educação das maiorias. In: _____. **Pedagogia da exclusão**: crítica aos neoliberais em educação. Petropólis: Vozes, 1995, p. 228-252.

GOMES, M. R. C. S. Nacionalização da Política de Assistência Social e Governos Estaduais no Brasil: **o caso do Estado de São Paulo**. Tese

(Doutorado em Serviço Social) – Programa de Pós-Graduação em Serviço Social, Pontifícia Universidade Católica de São Paulo, São Paulo, 2008.

GROS, Denise Barbosa. **Institutos liberais e neoliberalismo do Brasil da Nova República**. Porto Alegre: Fundação de Estatística e Economia Siegfried Emanuel Heuser, 2003. (Teses FEE; n. 6).

GUGLIANO, Alfredo Alejandro. Nas costas da globalização: as perspectivas dos países periféricos frente às transformações da economia internacional. In: FERREIRA, Márcia Ondina Vieira; GIUGLIANO, Alfredo Alejandro (Orgs.). **Fragmentos da globalização em educação:** uma perspectiva comparada. Porto Alegre: Artes Médicas Sul, 2000, p. 63-76.

GUIA das cidades digitais. Disponível em: <www.guiadascidadesdigitais.com.br>. Acesso em: 05 jul. 2011.

GUIMARÃES, T. Do analógico ao digital: uma avaliação das experiências e perspectivas dos telecentros em São Paulo. In: *Software* **livre e inclusão digital**. SILVEIRA, S.A; CASSINO, João (Orgs.). São Paulo: Conrad Editora do Brasil, 2003. pp. 49-62.

HARVEY, David. **Condição pós-moderna**. São Paulo: Loyola, 1992.

HAYEK, Frederich Von. **O caminho da servidão**. Rio de Janeiro: Instituto Liberal, 1944.

HOBSBAWM, Eric. **Era dos extremos:** o breve século XX 1914-1991. São Paulo: Companhia das Letras, 1995.

IBGE. **Estimativa da população brasileira**. 2009. Disponível em: <http://www.ibge.gov.br/homi/presidencia/noticias/noticia_visualiza.php?id_noticia=1435&id_pagina=1>. Acesso em: 07 nov. 2010.

IAMAMOTO, M. V.; CARVALHO, R. **Relações sociais e serviço social no Brasil:** esboço de uma interpretação histórico-metodológica. 20. ed. São Paulo: Cortez, 2007.

IANNI, Octávio. **A sociedade global**. São Paulo: Civilização Brasileira, 2001.

_____. **Teorias da globalização**. São Paulo: Civilização Brasileira, 1997.

INTERNET WORLD STATS. **Estatísticas de utilização da Internet. 2009.** Disponível em: <www.internetworldstats.com/stats.htm>. Acesso em: 09 jun. 2010.

INTERVOZES. Coletivo Brasil de Comunicação Social. **Relatório de pesquisa:** direito à comunicação no Brasil. Base constitucional e legal, implementação, o papel dos diferentes atores e tendências atuais e futuras. 2005 (terceira versão).

INSTITUTO BRASILEIRO DE TECNOLOGIA DA INFORMAÇÃO (IBICT). **Portal inclusão digital.**

KETTFL, Donald. A revolução global: reforma da administração do setor público. In: PEREIRA, L.C.B.; SPINK, P. (Orgs.). **Reforma do estado e administração pública gerencial.** 4. ed. Rio de Janeiro: Editora FGV, 2001. p. 75-121.

KOSIK, Karel. **Dialética do concreto.** Rio de Janeiro: Paz e Terra, 1995.

LASTRES, H. M. M.; ALBAGLI, S. (Org.). Informação e globalização na era do conhecimento. In: **Informação e globalização na era do conhecimento.** Rio de Janeiro: Ed. Campus, 1999.

LESBAUPIN, Ivo. **O desmonte da nação:** balanço do governo FHC. Petrópolis: Vozes, 2003.

LASTRES, H. M. M; FERRAZ, J. C. **Economia da Informação, do conhecimento e do aprendizado.** Rio de Janeiro: Campus, 1993.

LEHER, Roberto. O *bird* e as reformas neoliberais na educação. **Revista PUCVIVA.** <http://www.apropucsp.org.br/revista/r05_r03.htm>. Acesso em: 16 mai. 2010.

LIMOEIRO-CARDOSO, Miriam. Ideologia da globalização e (des)caminhos da ciência social. In: GENTILI, Pablo (Org.). **Globalização excludente:** Desigualdade, exclusão e democracia na nova ordem mundial. Petrópolis: Vozes, 1999.

LINDLEY. Robert. Economias baseadas no conhecimento – o debate europeu sob o emprego no novo Contexto. IN: Maria, João Rodrigues (Org.).

Para uma Europa da inovação e do conhecimento: emprego, reformas econômicas e coesão social. Poeiras Celta, p. 33-78, 2000.

MACHADO, Ednéia Maria. **Questão Social:** objeto do Serviço Social? Serviço Social em Revista. v. 2, n. 1, jul./dez., 1999. Disponível em: <http://www.ssrevista.uel.br/cv2n1quest.htm>. Acesso em: 10 dez. 2011.

MAGALHÃES, Ligia Karan. Correa de. **Formação e trabalho docente:** os sentidos atribuídos às tecnologias de informação e comunicação. Rio de Janeiro: 2008. Tese (Doutorado em Educação). 275 f. Programa de Pós--Graduação em Educação, Universidade Estadual do Rio de Janeiro.

MARQUES, Rodrigo Moreno; PINHEIRO, Marta Macedo Kerr. Política de informação nacional e assimetria de informação no setor de telecomunicações brasileiro. **Perspectivas de ciência e informação**, v. 16, n. 1, p. 65-91, jan./mar., 2011.

MARSHALL, T. H. **Cidadania, classe social e status**. Rio de Janeiro: Zahar Editores, 1967.

MARTINS, José de Souza. **Exclusão social e a nova desigualdade**. São Paulo: Paulus, 1997.

_____. Reflexão crítica sobre o tema da "exclusão social. In: **A Sociedade vista do abismo:** novos estudos sobre exclusão, pobreza e classes sociais. Petrópolis: Vozes, 2003, p. 25-47.

MARTINS, Tatiana da Silva; LUCAS, Elaine Rosangela de Oliveira. Os programas de inclusão digital do governo federal sob a óptica da competência informacional. **Liinc em revista**, v. 5, n. 1, p. 82-99, mar. 2009.

MATTELART, Armand. **História da sociedade da informação**. 2. ed. São Paulo: Loyola, 2006.

MATTOS, Fernando Augusto Mansor de; CHAGAS, Gleison José do Nascimento. Desafios para a inclusão digital no Brasil. **Perspect. Ciênc. Inf.** Belo Horizonte, v. 13, n. 1, abr., 2008. Disponível em: <http://www.scielo.br/scielo.php?script=sci_arttext&pid=S141393622008000100006&lng=pt&nrm=iso>. Acesso em: 05 jul. 2011.

_____. **Distribuição regional da renda no Brasil:** determinantes históricos e perspectivas. Cadernos da FACECA (8), publicação semestral da Faculdade de Ciências Econômicas, Contábeis e Administrativas da PUC de Campinas, v. 5, n. 1, p. 23-55, jan./jul.1996.

MESTRINER, M. L. **O estado entre a filantropia e a assistência social.** 3. ed. São Paulo: Cortez, 2008.

MINAYO, M. C. S. **Pesquisa avaliativa por triangulação de métodos.** Rio de Janeiro: FHC, 2005.

MAY, T. **Pesquisa social:** questões, métodos e processos. 3. ed. Porto Alegre: Artmed, 2004.

MONTAÑO, Carlos. **Terceiro setor e questão social:** crítica ao padrão emergente de intervenção social. São Paulo: Cortez, 2005.

MOTA. Ana Elizabeth. **Crise contemporânea e as transformações na produção capitalista.** 2000. Disponível em: <http://www.prof.joaodantas.non.br >. Acesso em: 17 abr. 2010.

NÉRI, Marcelo. **Mapa da exclusão digital.** (FGV). Disponível em: <http//www.cdi.org.br>. Acesso em: 27 jun. 2005.

NETTO, J. P. **Ditadura e serviço social:** uma análise do Serviço Social no Brasil pós-64. 13. ed. São Paulo: Cortez, 2009.

NEVES, Lúcia Maria Wanderley; PRONKO, Marcela Alejandra. **O mercado do conhecimento e o conhecimento para o mercado.** Rio de Janeiro: EPSJV, 2008.

OLIVEIRA, Luciano, "Os excluídos 'existem'? Notas sobre a elaboração de um novo conceito", **Revista Brasileira de Ciências Sociais**, n. 33, fev. 1997, p. 49-51.

OLIVEIRA, Eduardo A. Moscon. **A instituição escolar e a comunicação constituída no sistema educacional:** uma mediação dialógica. 330 f. (Doutorado em Educação) Faculdade de Educação. Universidade Federal da Bahia. 2006.

OBSERVATÓRIO NACIONAL DE INCLUSÃO DIGITAL. (ONID). Disponível em: <www.onid.org.br>. Acesso em: 20 jan. 2011.

OROZCO GOMEZ, Guillermo. **La *investigación en comunicación desde la* perspectiva cualitativa**. La Plata: Universidad Nacional de La Plata, Instituto Mexicano para el desarrollo comunitário, 1995.

_____. **Televisión y Audiencias** – un enfoque cualitativo. Ciudad de México: Ediciones de la Torre, 1996.

PASTORINI, Alejandra. **A categoria "questão social" em debate**. São Paulo: Cortez, 2004. (Coleção questões da nossa época: v. 109)

PEREIRA, Potyara Amazoneida Pereira. **Concepções e propostas de políticas sociais em curso:** tendências perspectivas e consequências. Brasília: NEPPOS/CEAM/UnB, 1994.

_____. **A assistência social na perspectiva dos direitos:** crítica aos padrões dominantes de proteção aos pobres no Brasil. Brasília: Thesaurus, 1996.

_____. Políticas de satisfação das necessidades no contexto brasileiro. In: **Necessidades humanas:** subsídios à crítica dos mínimos sociais. São Paulo: Cortez, 2000.

_____. **Política Social:** temas e questões. São Paulo: Cortez, 2008a.

_____. Estado, regulação social e controle democrático. In: BRAVO, Maria Inês Souza; PEREIRA, Potyara Amazoneida Pereira. **Democracia e Política Social**. São Paulo: Cortez; Rio de Janeiro: UERJ, 2008b, p. 25-42.

_____. Discussões conceituais sobre política social como política pública e direito de cidadania. In: BOSCHETTI, Ivanete et al. **Política social no capitalismo:** tendências contemporâneas. São Paulo: Cortez, 2009.

PEREIRA, L. C. B.; SPINK, P. **Reforma do estado e administração pública gerencial**. 4. ed. Rio de Janeiro: FGV, 2001.

PERUZZO, Cicilia Maria Krohling. Internet e democracia computacional: entre os entraves, utopias e o direito à comunicação. In: MELO, José Marques; SATHLER, Luciano. (Orgs.). **Direitos à comunicação na sociedade da informação**. São Bernardo do Campo: UMESP, 2005, p. 267-288.

PETRAS, J. **Império e políticas revolucionárias na América Latina**. São Paulo: Xamã, 2002.

PIMENTA, C. C., 1998. A reforma gerencial do estado brasileiro no contexto das grandes tendências mundiais. **Revista da Administração Pública.** Rio de Janeiro. v. 32, n. 5, p. 173-199, set/out.

PRETTO, Nelson de Luca Desafios para a educação na era da informação: o presencial, à distância, as mesmas políticas e o de sempre. In: BARRETO, Raquel Goulart (Org.). **Tecnologias educacionais e educação a distância:** avaliando políticas e práticas. Rio de Janeiro: Quartet, 2001, p. 29-53.

PORCARO, Rosa Maria. **Tecnologia da informação e comunicação e desenvolvimento:** políticas e estratégias de inclusão digital no Brasil. Rio de Janeiro: Programa de Pesquisa de Desenvolvimento de Políticas, 2005.

PROENZA, Francisco. E-paratodos: uma estratégia para redução da pobreza. In: SILVEIRA, S.; CASINO, J. (Orgs.). *Software* **livre e inclusão digital.** São Paulo: Conrad, 2003, p. 133-138.

RAICHELIS, R. **Esfera pública e conselhos de assistência social:** caminhos da construção democrática. 4. ed. São Paulo: Cortez, 2007.

RABIA, Tereza Van Acker Selim; PASSARELLI, Brasilina. **Inclusão digital e empregabilidade.** São Paulo: Senac, 2009.

RAMOS, Murilo Cesar. **Comunicação, Direitos Sociais e Políticas Públicas.** In: MELO, José Marques; SATHLER, Luciano (Orgs.). Direitos à comunicação na sociedade da informação. São Bernardo do Campo: UMESP, 2005, pp. 245-253.

RONDELLI, Elizabeth. Quatro passos para a inclusão digital. **Revista Sete Pontos.** jul. 2003, Ano 1, n. 5. Disponível em: <http://www.comunicacao.pro.br/setepontos/5/4passos.html>. Acesso em: 7 mai. 2009. REDE CRIANÇA. Instituições e projetos. Vitória, 2001.

SANTOS, Boaventura de Souza (Org.). **A globalização e as ciências sociais.** São Paulo: Cortez, 2002.

SARMENTO, Georges. **As gerações dos direitos humanos e os desafios da efetividade.** Disponível em: <http://www.georgessarmento.com.br>. Acesso em: 10 nov. 2010.

SILVA, Gicélio Januário. **A política de inclusão digital não escolar:** estudo de caso da rede de telecentros de Vitória. 2007. Monografia (Aperfeiçoamento/ Especialização em Especialização em Educação Profissional e EJA) – Centro Educacional de Educação Tecnológica do Espírito Santo. 2007.

SILVA, Helena; JAMBEIRO, Othon; LIMA, Jussara et al. Inclusão digital e educação para a competência informacional: uma questão de ética e cidadania. **Ci. Inf.**, v. 34, n. 1, p. 28-36, jan./abr. 2005.

SILVA, Maria Ozanira da Silva e. (Coord.) **Avaliação de políticas e programas sociais:** teoria e prática. São Paulo: Veras Editora, 2001.

_____. **Pesquisa avaliativa:** aspectos teórico-metodológicos. São Paulo: Veras Editora, 2008.

SILVEIRA, Sérgio Amadeu da. **Exclusão digital:** a miséria na era da informação. São Paulo: Perseu Abramo, 2005.

_____. A noção de exclusão digital diante das exigências de uma cibercidania. In: **Políticas públicas e inclusão digital**. HETKOWSKI, Tânia Maria. Salvador: EDUFBA, 2008.

SILVEIRA, Sérgio Amadeu da. Inclusão digital, software livre e globalização contra hegemônica. In: **Software livre e inclusão digital**. Silveira, S.A e CASSINO, João (Orgs.). São Paulo: Conrad Editora do Brasil, 2003, p. 17-48.

SOARES, Maria Clara Couto. Banco Mundial: políticas e reformas. In: TOMASSI, Lívia de; WARDE, Mirian Jorge; HADADD, Sérgio (Orgs.). **O Banco mundial e as políticas educacionais**. São Paulo: Cortez, 1988, p. 15-40.

SOARES, Laura Tavares. **Os custos sociais do ajuste neoliberal na América Latina**. 2. ed. São Paulo: Cortez, 2002.

SORJ, Bernardo. **Brasil@povo.com:** a luta contra a desigualdade na Sociedade da Informação. Rio de Janeiro: Jorge Zahar, 2003.

SPOSATI, Aldaísa et al. **Assistência na trajetória das políticas sociais brasileiras:** uma questão em debate. 10. ed. São Paulo: Cortez, 2008.

TAKAHASHI, Tadao. (Org.). **Sociedade da informação no Brasil – Livro Verde**. Brasil: Ministério da Ciência e Tecnologia, 2000.

TREVISAN, Nilton. **Por mares nunca dantes navegados:** estudos para a inclusão da população de baixa renda na sociedade da informação. 2005. Dissertação (Mestrado em Arquitetura e Urbanismo) Programa de Pós-Graduação em Arquitetura e Urbanismo. Universidade Federal de Santa Catarina.

VIEIRA, Evaldo. A política e as bases do direito educacional VIEIRA, EVALDO. A política e as bases do direito educacional. **Cad. CEDES.** [*online*]. nov. 2001, v. 21, n. 55 [citado 16 Novembro 2005], p. 9-29. Disponível na World Wide Web: <http://www.scielo.br/scielo.php?script=sci_arttext&pid=S0101>.

VIEIRA, Maria Alejandra Nogueira. **Educação e sociedade da informação:** uma perspectiva crítica sobre as TIC num contexto escolar. 2005. 365 f. Dissertação (Mestrado em Educação). Programa de Pós-Graduação em Educação. Universidade do Minho.

VIEIRA, Maria Alejandra; AFONSO, Almerindo Janela. Contributo para a reflexão sobre educação e sociedade da informação. In: **V Conferência Internacional de Tecnologias de Informação e Comunicação na Educação**. Braga: 2007.

VITÓRIA, Prefeitura Municipal. **Índice de qualidade urbana**. Disponível em: <http://legado.vitoria.es.gov.br/regionais/indicadores/iqu/iqu.asp>. Acesso em: 30 jun. 2011d.

VITÓRIA, Prefeitura Municipal. **Lei n. 6375/2005, de 14 de setembro de 2005**. Dispõe sobre o Plano Plurianual para o período 2006/2009. Vitória, 2005.

VITÓRIA, Prefeitura Municipal. **Lei n. 7845/2009, de 09 de dezembro de 2009**. Dispõe sobre o Plano Plurianual para o período 2010/2013. Vitória, 2009.

VITÓRIA, Prefeitura Municipal. **Lei n. 5454, de 04 de janeiro de 2002**. Dispõe sobre o Plano Plurianual para o período 2002/2005. Vitória, 2002.

VITÓRIA, Prefeitura Municipal. Secretaria Municipal de Educação. **Plano Municipal de Educação 2001/2010**, SEME: 2003.

VITÓRIA, Prefeitura Municipal. Secretaria de Educação. **Projeto InfoVit:** a informática nas escolas públicas municipais de Vitória-ES. SEME/PMV. Vitória: 1997.

VITÓRIA, Prefeitura Municipal. **Prefeitura faz parceria com Ufes e alunos vão dar oficinas na Casa Brasil.** Disponível em: <http://www.vitoria.es.gov.br/setger.php?pagina=noticias&idNoticia=6081>. Acesso em: 29 jun. 2011e.

VITÓRIA, Prefeitura Municipal. Secretaria de Trabalho e Geração de Renda. **Casa Brasil proporciona inclusão digital e lazer para baixa renda.** Disponível em: <http://www.vitoria.es.gov.br/setger.php?pagina=Oquee>. Acesso em: 16 jun. 2011b.

VITÓRIA, Prefeitura Municipal. Secretaria de Educação (SEME). **Tecnologias facilitam aprendizagem nas escolas.** Disponível em: <http://www.vitoria.es.gov.br/seme.php?pagina=tecnologiaeeducacao>. Acesso em: 10 maio 2011a.

VITÓRIA, Prefeitura Municipal. Secretaria de Trabalho e Geração de Renda (SETGER). **Telecentros:** Internet e curso gratuito. Disponível em: <http://www.vitoria.es.gov.br/setger.php?pagina=telecentrocomofunciona>. Acesso em: 10 mai. 2011b.

VITÓRIA, Prefeitura Municipal. **Relatório de Gestão:** Janeiro de 2005 a setembro de 2007. Vitória, 2008.

VITÓRIA, Prefeitura Municipal. **LEl n. 6552/2006**. Autoriza o poder executivo municipal abrir escolas de ensino fundamental para o oferecimento de curso de informática à comunidade. Vitória, 2006.

VITÓRIA, Prefeitura Municipal. **Lei n. 4789/1998**. Institui o ensino de informática na rede pública municipal. Vitória, 1998.

VITÓRIA, Prefeitura Municipal. **Internet para todos**. Vitória: 2004a.

VITÓRIA, Prefeitura Municipal. **Vitória de todos**. Vitória: 2004b.

VITÓRIA, Prefeitura Municipal. **Plano estratégico da cidade:** Relatório de Balanço 1997/2000. Vitória, 2000.

VITÓRIA, Prefeitura Municipal. Orçamentos municipais 2005-2011.

VITÓRIA, Prefeitura Municipal. **Vitória Digital:** Internet sem fio e gratuita na rede pública. Disponível em: <http://www.vitoria.es.gov.br/setger.php?pagina:oquee>. Acesso em: 21 jan., 2011c.

WANDERLEY, Luiz Eduardo. São Paulo no contexto da globalização. **Lua Nova** [online]. São Paulo, n. 69, 2006. Disponível em: <http://www.scielo.br/scielo/sciel.php?script+sci_arttext&pid=S010264452006000400008&lng=pt&nrm=iso>. Acesso em: 17 mai. 2011.

WARSCHAUER, Mark. **Tecnologia e inclusão social:** a exclusão digital em debate. São Paulo: Senac, 2006.

WEBSTER, Frank. **Theories of information society**. 2. ed. Rutledge: USA, 1995.

SOBRE O LIVRO
Tiragem: 1000
Formato: 16 x 23 cm
Mancha: 12 x 19 cm
Tipologia: Times New Roman 10,5/12/16/18
         Arial 7,5/8/9
Papel: Pólen 80 g (miolo)
Royal Supremo 250 g (capa)